Esp

MW01277866

Adviento y Navidad
2020–2021

Michelle Francl-Donnay

Traducido por
Luis Baudry-Simón

LITURGICAL PRESS
Collegeville, Minnesota

www.litpress.org

Imprimátur: ✠ Most Reverend Donald J. Kettler, J.C.L., Bishop of Saint Cloud, August 6, 2020.

Diseño de portada por Monica Bokinskie. Arte de portada cortesía de Getty Images.

ISSN: 2689-5552 (edición impresa)   2689-5560 (edición en línea)
ISBN: 978-0-8146-6566-4   978-0-8146-6591-6 (ebook)

Introducción

Baja, rogó Isaías, que los montes y las naciones tiemblen. Como el fuego hace que el agua se hinche y se agite, así se conocerán tus maravillas en toda la tierra, promete el profeta (Isaías 63, 19b - 64, 1a). Estoy de pie en mi oscura cocina, viendo cómo el agua de la tetera de cristal se hinche y hierve, y contemplo las imágenes de Isaías. Las burbujas caen, irrefrenables, siempre cambiantes, refractando la luz azul de la llama hasta que el agua parece brillar por sí misma.

Aunque lo único que anhelo es un tiempo lleno de momentos de silencio y oración para pasar preparándome para la venida de Dios, no será así. Como el agua en la tetera, mis adventos bullen, hirviendo con cosas que hacer y personas que ver. Sin embargo, a pesar del caos de fin de año —o tal vez debido a él— las ricas imágenes de las Escrituras de Adviento danzan irrefrenablemente a través de mis días. Derraman luz, faros brillantes en los días sombríos. Me atraen profundamente a la oscuridad súper luminosa donde Dios habita.

Encuentro en el Adviento no tanto un refugio de las exigencias de mi vida y del mundo, sino una serie de contradicciones misteriosas que me dejan un poco desequilibrada. Las Escrituras de este tiempo nos prometen la luz en medio de las tinieblas, pero también aclaran las exigencias que encender tal luz tienen sobre nosotros. Ellas desbaratan mis prejuicios sobre lo que significa que Dios haya venido a habitar entre nosotros, obligándome a enfrentarme a lo que significa para mí —aquí y ahora— encontrar a Dios en forma humana. Estas lecturas ponen carne en la esperanza.

En su Audiencia General del pasado Adviento, el Papa Francisco habló del pesebre como una invitación a la contemplación, un recordatorio de la importancia de detenerse. La contemplación es a veces llamada el arte de robar el tiempo. Espero que puedas conseguir robar unos momentos cada día en este tiempo de Adviento y Navidad para escuchar la irrefrenable y radiante Palabra de Dios, para que su fuego vuelva a encender una llama en tu corazón.

A pesar de todo lo que el Adviento nos impulsa hacia la Navidad, el establo de Belén no es un destino. Es una estación de paso, una reunión momentánea de aquellos que serán enviados a todos los rincones de la tierra. Extraños, pastores y ángeles se detienen y luego se van tan rápido como llegaron. No para seguir los mismos caminos por los que vinieron, sino para ser enviados a nuevos caminos y nuevas vidas. Que nuestras vidas también estén abiertas a ser sorprendidas por lo que Dios ha hecho y está haciendo en el mundo. Y que siempre seamos un pueblo que trabaja en alegre esperanza para la venida del reino de Dios.

PRIMERA SEMANA DE ADVIENTO

Rasguen los Cielos

Lecturas: Is 63, 16b-17. 19b; 64, 2-7; 1 Cor 1, 3-9; Mc 13, 33-37

Escritura:
Ojalá rasgaras los cielos y bajaras,
estremeciendo las montañas con tu presencia.

Descendiste y los montes se estremecieron con tu presencia.
(Is 63, 19b; 64, 2)

Reflexión: No puedo pensar en el Adviento sin pensar en Alfred Delp, S.J., que en 1944 pasó el tiempo de Adviento y Navidad en la cárcel. Los escritos, cartas y reflexiones de Delp sobre el Adviento fueron extraídos secretamente de la prisión en pedazos de papel por dos amigas. En una carta, escribió que pensaba que sería una hermosa Navidad. ¿Cómo, te preguntarás? Delp estaba esposado día y noche y confinado a una pequeña celda, enfrentando una sentencia de muerte. No habría liturgias conmovedoras, ni exquisitas escenas del pesebre. Pero despojado de todos los adornos e imágenes románticas, Delp dijo que podía ver claramente la temblorosa realidad de lo que la Navidad prometía: Dios en la carne, Dios tomando una posición con nosotros contra la inimaginable oscuridad. La Navidad, decía Delp, es la oportunidad de celebrar el misterio del gran aullido de hambre de la humanidad por Dios, si estamos dispuestos a renunciar a nuestra complacencia y pretensiones.

En los días oscuros y fríos de Adviento me siento, confieso, a menudo atraída a meditar sobre los suaves misterios de un bebé envuelto y cálido, sobre ovejas esponjosas en los campos y ángeles en el cielo arrastrando detrás de ellos la gloria. Estrellas maravillosas. Extraños hombres enigmáticos de Oriente. Oro y especias raras. Es el material apropiado y apreciado de los espectáculos navideños. Sin embargo, esto no es exactamente lo que el pueblo de Dios pidió a través de Isaías. Le rogamos a Dios que rasgara los cielos y bajara, le rogamos a Dios que fuera lo que no nos atrevemos a esperar.

¿Nos atrevemos a unirnos a Isaías y gritar a los cielos este Adviento, implorando a Dios que haga por nosotros lo que no podemos esperar? ¿Podría el hambriento ser alimentado, podría el emigrante encontrar un puerto seguro, podría Dios otorgar la paz a las naciones? Brilla desde tu trono de querubines, oh, Señor. Despierta tu poder y rasga los cielos.

Meditación: Delp escribió que vivir sabiendo que lo Divino y lo humano se han entrechocado en el tiempo requiere la voluntad de dejar que nuestras nociones románticas se quemen, para que podamos tener una visión clara de lo que es y lo que podría ser. Al presentarse el Adviento ante nosotros, ¿qué es lo que más deseas de Dios en este tiempo, la única cosa que no te atreves a esperar?

Oración: Señor, nos amaste lo suficiente como para abrir los cielos y venir en nuestra ayuda. Despierta tu poder y vuelve, muéstranos tu rostro para que podamos ser salvados. Que tengamos la paciencia para esperar y el valor para tener esperanza.

Llegando hasta el Último Rincón de la Tierra

Lecturas: Rom 10, 9-18; Mt 4, 18-22

Escritura:
La voz de los mensajeros ha resonado en todo el mundo y sus palabras han llegado hasta el último rincón de la tierra. (Rom 10, 18b)

Reflexión: Cuando era joven profesora era costumbre escribir a otros científicos y pedirles una copia de su trabajo reciente que uno deseaba leer. Cada vez que yo publicaba un nuevo artículo científico, aparecían en mi buzón postales de todo el mundo pidiéndome que les enviara una copia. Algunas peticiones vinieron de lugares a los que no podía imaginarme yendo: de las universidades de Cuba y la Unión Soviética. Mis palabras habían llegado hasta los confines de la tierra. Ahora podemos llegar a los confines de la tierra y más allá con unos pocos toques en nuestro teléfono, nuestras palabras son visibles incluso para los astronautas de la Estación Espacial Internacional.

San Andrés y sus compañeros apóstoles fueron enviados por Jesús para proclamar la buena noticia, para ser una voz del Evangelio hasta los confines de la tierra. Pero esto no es sólo un trabajo para los apóstoles y sus sucesores. En su exhortación apostólica *Evangelii Gaudium*, el Papa Francisco nos recuerda firmemente que todos, en virtud de nuestro bautismo, estamos llamados a ser evangelizadores, discípulos en misión en todo el mundo. Todos nosotros debemos levantar nuestras voces, viviendo y proclamando la alegría del Evangelio. No pienses que necesitas una formación especial o que debes esperar a ser invitado, aconseja el Papa Francisco. Podemos confiar en la gracia del Espíritu Santo para que nos guíe, así como en los dones que el Espíritu nos trae: de sabiduría, fortaleza y entendimiento. Debemos permitir que la profunda alegría que viene con nuestra fe brote en cada encuentro, ya sea que estemos susurrando palabras de aliento a un amigo en apuros o twitteando las últimas noticias hasta los confines del mundo. ¡Sal y proclama la Buena Nueva!

Meditación: Predica el Evangelio en todo momento, usa palabras si es necesario, aconsejó San Francisco de Asís. ¿De qué manera es visible en tu vida la alegría de la buena nueva, de que Dios ha venido a la tierra y vive entre nosotros? ¿Cómo te llama Dios a ser un evangelizador?

Oración: Tú eres la Palabra hecha carne, oh, Señor, que nos habla de gozo y de misericordia. Ayúdanos a proclamarte a todo el mundo, en cada una de nuestras acciones como en cada una de nuestras palabras.

Espacio para la Respiración

Lecturas: Is 11, 1-10; Lc 10, 21-24

Escritura:
Sobre él se posará el espíritu del Señor,
espíritu de sabiduría e inteligencia,
espíritu de consejo y fortaleza . . . (Is 11, 2a)

Reflexión: Respira. Se lo digo a los estudiantes cuando están preocupados por su trabajo. Se lo digo a los colegas que se tambalean al borde de la exasperación o el agotamiento. Y en esta época del año, a medida que la pila de deberes a corregir crece y las reuniones de fin de semestre y los eventos de los días festivos empiezan a darse codazos en mi calendario como si fueran niños de seis años que se retuercen, me encuentro murmurándome a mí misma una y otra vez. Respira. Respira. Recuerda que debes respirar.

La palabra hebrea *rúah*, a menudo traducida como Espíritu en este pasaje de Isaías, también puede significar viento o aliento, y yo anhelo en estos días de Adviento un momento de respiro. Ansío que un toque de la fuerza y del sabio consejo del Espíritu pasen mi oficina, llevando consigo el polvo del agotamiento y la frustración.

En su conferencia sobre la perfección, el monje y teólogo del siglo quinto, San Juan Casiano, ofreció una traducción más fuerte de este versículo de Isaías. En lugar de decir que el Espíritu viene a posarse sobre el Mesías prometido, Casiano lo traduce como que el Espíritu lo llenará. También para nosotros, sugirió Casiano, este aliento, este Espíritu Santo no es un escudo, sino algo que nos penetra tanto que nos posee por completo. Este aliento de Dios nos llena tan completamente que nada más puede molestarnos, con un poder tan abrumador que no puede sernos arrebatado.

Se nos promete que el Espíritu del Señor descansará sobre el Mesías, quien estará lleno de sabiduría y entendimiento. Para nosotros mismos, esperamos que el aliento de Dios, el viento santo de Dios, nos llene también. Para que podamos encontrar consejo y fortaleza. Para que podamos ser capaces de respirar.

Meditación: ¿Cómo te ha llenado el Espíritu Santo de sabiduría y entendimiento? ¿Qué es lo que el Espíritu Santo está despertando en ti?

Oración: Concede, oh, Señor, que seamos enteramente poseídos por tu Espíritu Santo. Inspira en nosotros la sabiduría y el entendimiento, el consejo y la fortaleza. Despierta en nosotros la pasión por tu justicia, para que podamos hacer nacer la paz en nuestro tiempo.

La Larga Fiesta del Amor

Lecturas: Is 25, 6-10a; Mat 15, 29-37

Escritura:
El Señor Dios enjugará las lágrimas de todos los rostros. (Is 25, 8b)

Reflexión: Hay tanta ternura en las lecturas de hoy. Pienso en mi madre, limpiando las lágrimas de los rostros de mis hermanos menores, con un paño fresco para eliminar los últimos signos de dolor y angustia una vez que se había encargado de las heridas inmediatas.

En el evangelio de hoy me impresiona el tierno cuidado de Jesús por los que estaban reunidos. Le preocupa que se desmayen de hambre si no se les da de comer antes de mandarlos de regreso. La multitud, llena de los que habían sido curados y de los que los amaban lo suficiente como para llevarlos ante Jesús, tal vez no se preocupaba, pensando que el hambre temporal no tenía importancia frente a lo que se había hecho por ellos. Pero escucho en la preocupación de Jesús el deseo de Dios de hacernos no sólo sanos, sino de ver que estamos repletos, completamente envueltos en el amor de Dios, traídos plenamente a la vida.

Es difícil medir la profundidad de este amor que Dios nos tiene. Isaías lo intentó, evocando imágenes de un rico festín, con vinos finos. El salmista evoca una mesa desbordante y aceites aromáticos. Mientras estoy ante el altar, con el mismo Cuerpo y Sangre de Dios levantado delante de mí y que se me ofrece, lucho para ver la medida completa de la misericordia ofrecida no sólo en un futuro desconocido, sino ahora.

El Talmud habla del vino reservado desde la creación para ser servido a los justos en el banquete final. Pero me doy cuenta de que se nos ofrece beber de lo que se ha salvado desde la creación cada día en cada vaso de agua que bebemos. La mayoría de los átomos de esa agua se crearon apenas un segundo después del nacimiento del universo, se dispersaron a través del universo para aterrizar aquí, para nosotros. De la misma manera, la tierna misericordia de Dios nos rodea a cada momento, sólo tenemos que tomar y beber de lo que ha sido preparado para nosotros.

Meditación: Mira hacia los cielos y hacia la inmensidad del universo, o hacia las profundidades de un vaso de agua, donde los átomos son más numerosos que las estrellas de nuestra galaxia, y considera la infinita misericordia de Dios. ¿Qué imágenes evocan para ti la profundidad y la amplitud de la tierna preocupación de Dios por nosotros?

Oración: Desde el principio de los tiempos, oh, Señor, nos ofreces un banquete. Envuélvenos en tu misericordia y seca las lágrimas de nuestros ojos, para que podamos ver por fin tu rostro.

Anclados en la Confianza

Lecturas: Is 26, 1-6; Mt 7, 21. 24-27

Escritura:
". . . el de ánimo firme para conservar la paz,
porque en ti confió." (Is 26, 2b-3)

Reflexión: Había salido a caminar cuando la tormenta era una mancha en el horizonte. Cuando llegué al final del camino a través de las dunas para pararme en una pequeña franja de arena que sobresalía en el Mar del Norte, el viento había crecido seriamente. La arena ondulaba como la seda en la playa, desplazando la línea costera frente a mis ojos. Fue un alivio increíble volver al farallón rocoso que anclaba el pueblo a un suelo que no se movía bajo mis pies y se deslizaba en mis zapatos.

Sin embargo, la arena es sólo una roca que se ha desgastado, que se ha rendido a las fuerzas que la golpean. Agua y aire. Calor y frío glacial. Luz. Isaías nos recuerda que las fachadas que hemos construido, los refugios que hemos construido con nuestras manos y mentes no son un verdadero refugio. No pueden oponerse a las fuerzas elementales que el mundo les arroja. Todo esto se desmoronará con el tiempo.

Entonces, ¿en qué podemos refugiarnos, en dónde está la ciudad fuerte que Isaías promete a Judá? En su "Bendición para el exhausto", el sacerdote y poeta John O'Donohue nos anima a refugiarnos en la cálida piedra del silencio y dejar que su paz nos posea. No debemos rendirnos a los vientos de este mundo, a ser moldeados por cualquier viento que pase. En lugar de ello, necesitamos acercarnos y adoptar la forma de lo que nos protege.

No es lo que decimos ni lo que escuchamos, sino lo que hacemos, dice Jesús, lo que nos da forma, lo que nos convierte en piedras vivas. Porque somos el fundamento de la ciudad de Dios, llamados a abrirnos a los justos, a dar refugio a los pobres y a proteger del mundo a los que están en peligro. Porque en el fondo del silencio que nos ha reclamado está Dios, que ha escuchado nuestros gritos de paz y de justicia. Nuestro Dios, que oye el grito de los pobres.

Meditación: ¿Qué hay en ti que necesita ser molido para que pueda ser reformado acercándote a Dios? ¿Dónde deberías poner tu piedra viva? ¿Qué es lo que sostiene en la ciudad de Dios?

Oración: Ábrenos las puertas de la justicia, Señor. Muéstranos cómo convertirnos en una ciudad brillante, una nación con un propósito firme, un pueblo de paz.

Cinco Minutos de Paz

Lecturas: Is 29, 17-24; Mt 9, 27-31

Escritura:
Lo único que pido,
   lo único que busco,
es vivir en la casa del Señor toda mi vida. (Sal 26, 4a)

Reflexión: Cuando mis hijos eran pequeños, les leíamos un libro llamado *Cinco minutos de paz*. En el libro, una madre elefante va de habitación en habitación, buscando cinco minutos de paz. Anhela una taza de café y una mirada al periódico, sin ser molestada por sus tres hijos. Al final se resigna a tres minutos y cuarenta y cinco segundos de silencio. Hay días, tantos días, en el Adviento en los que me encuentro igualmente perseguida de un lugar a otro por las exigencias del día. Días en los que incluso tres minutos y cuarenta y cinco segundos de paz serían una gracia.

¿Qué es lo que anhelo? Como el salmista, anhelo habitar en la casa del Señor, si no por todos mis días, al menos por unos minutos. Con demasiada frecuencia me rindo y me dejo arrastrar por los torrentes de una actividad agitada, clamando al Hijo de David que se apiade de mí como los dos ciegos de la lectura de hoy del evangelio de Mateo.

Me encuentro preguntándome qué le respondería a Jesús si saliera de mi oficina hoy y lo encontrara parado en el pasillo, preguntándome "¿Crees que puedo hacerlo?". ¿Realmente creo que, si lo pido, Dios me concederá cinco minutos de paz, o más?

Puede que sólo tenga una fracción de la fe de los dos ciegos, pero tal vez como la cansada mamá elefante, puedo ser persistente en mi búsqueda de la paz. Si no son cinco minutos, entonces tres. Si no es hoy, mañana. Puedo orar por la gracia de buscar implacablemente a Dios, para poder habitar dentro de sus muros, en paz todos mis días y más allá.

Meditación: En un colorido dibujo de Adviento, el Hermano Mickey McGrath, OSFS, oró para que Dios viva en nuestros corazones. Además, sugirió encontrar quince minutos cada día para sentarse con Dios y quizás una taza de café. Pasa el tiempo no pensando en las exigencias del día, sino más bien contempla todo lo que agradeces a Dios.

Oración: Ven a nosotros, Señor, y visítanos con tu paz. Concede que podamos morar contigo en tranquilidad, aliviados de nuestras preocupaciones diarias y sanados de nuestras heridas, ahora y para siempre.

Cristo ante Mí

Lecturas: Is 30, 19-21. 23-26; Mt 9, 35–10, 1. 5a. 6-8

Escritura:
Con tus oídos oirás detrás de ti una voz que te dirá:
"Éste es el camino.
Síguelo sin desviarte,
ni a la derecha, ni a la izquierda". (Is 30, 21)

Reflexión: Dios ya no se esconderá más, promete Isaías. Oirás desde atrás al Señor, y a tu derecha y a tu izquierda su voz se elevará. Escucho ecos en Isaías de las últimas líneas de la oración atribuida a San Patricio: "Cristo ante mí, . . . Cristo debajo de mí, . . . Cristo a mi derecha, Cristo a mi izquierda . . .". Cristo conmigo, siempre.

Hay un famoso problema de química que pide a los estudiantes que estimen la posibilidad de que la próxima respiración que tomen contenga una molécula de oxígeno una vez exhalada por alguna figura histórica. Resulta que en cada respiración que hacemos es probable que haya al menos una molécula que Jesús respiró. El oxígeno se abre camino entre las plantas y los animales, en el agua que bebemos y en las mismas piedras bajo nuestros pies. Cuando Cristo se encarnó, algo de Cristo comenzó a encontrar su camino en el universo material de una manera nueva. Cristo ha tocado todas las piedras que pavimentan mi camino y que me protegen de las tormentas. El aliento de Cristo se agita en el viento que pasa por mi cara. En cada bocanada de aire que respiro, en cada célula de mi ser, un poco del cuerpo físico de Cristo reside. También Cristo está en cada persona que encuentro. No hay lugares no sagrados, dijo el poeta Wendell Berry. Todo es sagrado, todo tocado por Dios que vino a la tierra para redimirnos. Dios hecho carne a tiempo se convierte en Dios en todas las cosas.

Es una realidad asombrosa. Una que en verdad no puedo soportar pensar: Cristo dentro de mí, siempre.

Meditación: Mira a tu alrededor. ¿Dónde ves a Cristo por encima de ti? ¿Bajo tus pies? ¿Detrás y al lado tuyo? ¿Puedes ver a Cristo a los ojos de tu prójimo? Tal vez más importante, ¿puede tu prójimo ver a Cristo en tus ojos?

Oración: Cristo, prometiste ir siempre delante de nosotros. Quédate por debajo de nosotros, para sostenernos. Por encima de nosotros, para recordarnos nuestro destino. A nuestro lado, para recordarnos que nunca estamos solos.

SEGUNDA SEMANA DE ADVIENTO

¡Aquí Está su Dios!

Lecturas: Is 40, 1-5, 9-11; 2 Pe 3, 8-14; Mc 1, 1-8

Escritura:
Anuncia a los ciudadanos de Judá:
"Aquí está su Dios". (Is 40, 9b)

Reflexión: Los caminos de esta vida pueden ser duros. Caminamos por senderos estrechos, luchamos en las montañas, nos paramos en el borde del terreno que no podemos imaginarnos que alguna vez vayamos a recorrer con seguridad. Puede ser difícil esperar que nos encontremos a salvo, difícil de perseverar, difícil de esperar un final que no podemos ver venir. Sin embargo, caminamos con esperanza. ¿Cómo? No temas, grita Isaías, mira, aquí está tu Dios. Dios, cuyo brazo fuerte puede barrer cualquier dificultad, pero cuyas manos tiernas pueden llevarnos cerca de su corazón.

Hay una fuerza en la ternura de Dios hacia nosotros, una que dice: "Puedo sostenerte, sin importar lo que pase; Puedo perdonarte, pase lo que pase; No tengo miedo de enfrentarme a esto contigo, no importa lo que pase . . .". Porque el Dios que puede llenar los valles y nivelar las montañas con una mirada, que disolverá los elementos en el fuego y atrapará las estrellas con un poderoso rugido, es un Dios que puede caminar a nuestro lado, y en el que podemos apoyarnos.

Me pregunto si puedo entrar en estos días de Adviento rebosante con la misma esperanza que Isaías apenas puede contener, una esperanza que se atreve a imaginar lo inimaginable. En su encíclica *Spe Salvi*, el Papa Benedicto XVI expresó una preocupación similar. ¿"[N]os hemos acostumbrado a él, el tener esperanza, que proviene del encuentro real con este Dios", se pregunta. Conozco tan bien las líneas de la historia de nuestra salvación —Cristo nace, predica, sufre, muere, y resucita de entre los muertos— que es difícil comprender la asombrosa inconcebibilidad de todo ello. Sin embargo, aquí está nuestro Dios. Aquí está nuestra esperanza.

Meditación: El Salmo 43 tiene un versículo "Envíame tu luz y tu verdad: que ellas sean mi guía". ¿Qué caminos son difíciles en tu vida en este momento? ¿Dónde necesitas la tierna fuerza de Dios hoy? ¿Puedes ver dónde Dios ha puesto una luz para guiarte?

Oración: Dios misericordioso y todopoderoso, ponemos nuestra esperanza en ti. Enciende una luz para guiarnos en el camino, permanece cerca de nosotros en los senderos escabrosos, y sostennos cuando vacilemos.

Santa Locura

Lecturas: Is 35, 1-10; Lc 5, 17-26

Escritura:
Cuando él vio la fe de aquellos hombres, dijo al paralítico: "Amigo mío, se te perdonan tus pecados". (Lc 5, 20)

Reflexión: Haremos locuras cuando estemos locamente enamorados. El verano pasado, había estado viajando por trabajo durante varias semanas y por fin estaba en camino para encontrarme con mi esposo y mi hijo mayor. Mientras hacía conexiones en el aeropuerto en Londres, encontré mi puerta de embarque y busqué un asiento. Había uno libre, al lado de un caballero de pelo gris y una sonrisa encantadora. Mi esposo de un cuarto de siglo había reorganizado con su equipaje sus vuelos y tomado varios trenes y el metro a través de Londres para encontrarse conmigo, así que podía verme tres horas antes. ¡Una locura!

Siempre que escucho este evangelio del hombre paralizado y los amigos que lo llevan a ver a Jesús, me pregunto qué me impulsaría a subir a un techo y tratar de bajar a alguien en una camilla a través de él. Claramente, lo haría por mi esposo o mis hijos o mis hermanos. ¿Pero me atrevería a tanto por un amigo? ¿Por un extraño? También me pregunto por el dueño de la casa que invitó a Jesús a entrar y terminó con un agujero en el techo. ¿Podría haber imaginado que alguien iba a desmontar su casa para llegar a Jesús? Los espectadores no pueden creer ni lo que ven ni lo que oyen. Toda la escena parece salvaje, casi loca.

El Papa San Juan XXIII sugirió una vez que sin alguna santa locura la Iglesia no puede crecer. Sospecho que, sin un toque de santa locura, o tal vez de santa audacia, tampoco podemos crecer en la gracia. El Evangelio exige que nos atrevamos a mucho. Atreverse a llegar a los que el mundo rechaza. Atreverse a perdonar, a nosotros mismos y a los demás. Atreverse a esperar el perdón. Atreverse porque amamos a Dios con locura y Dios nos ama más allá de toda razón.

Meditación: ¿Cuánto estás dispuesto a arriesgar para acercarte a Jesús? ¿A quién te atreverías a ayudar? ¿A perdonar? ¿Qué santa locura te atreverías a hacer con la ayuda de Dios?

Oración: Tú nos amas abundantemente, oh, Señor. Danos el coraje y la fuerza para atrevernos a ser portadores de lo sagrado para cada uno.

Vivir de Sorpresa

Lecturas: Gen 3, 9-15. 20; Ef 1, 3-6. 11-12; Lc 1, 26-38

Escritura:
"Alégrate, llena de gracia, el Señor está contigo". (Lc 1, 28b)

Reflexión: Tengo una debilidad por los elegantes calendarios de Adviento, los que los museos publican con obras de arte de su colección. Mi favorito es un tríptico del siglo XV, el Tríptico de Mérode, que representa el evangelio de hoy, la anunciación. María está acurrucada con un libro en una habitación soleada, completamente serena, imaginada por el artista en el momento justo antes de que se dé cuenta de que su intruso angelical y todos sus planes —para su día y para su vida— se han echado a perder.

En su poema "No esperes nada", la poetisa y novelista Alice Walker sugiere que estemos vacíos de expectativas y que vivamos únicamente, y con moderación, de la sorpresa. María, estoy segura, no tenía ninguna expectativa de jugar un papel tan importante en nuestra salvación, no tenía necesidad de ser nada más que lo que era, la hija de Ana y Joaquín. Estaba tan abierta a pasar un día como cualquier otro como lo estaba a llevar al Mesías. Ella dejaba espacio para que Dios la sorprendiera.

Reflexionando sobre la hospitalidad y la Navidad en el periódico *El trabajador católico*, Dorothy Day nos recordó que dejemos espacio para ser sorprendidos por Dios. Sería fácil recordar que hay que hacer espacio para Dios, señaló, si viéramos a la gente con letreros luminosos de neón sobre sus cabezas: Cristo aquí. O si estuvieran hermosamente vestidos y serenos como María en el cuadro que tanto me gusta. La gente habría luchado por darle a María un lugar donde quedarse si ella se hubiera aparecido en Belén envuelta en un manto de oro con una corona de estrellas, sugirió Dorothy Day. Pero la semana pasada noté que nadie se estaba precipitando a darle dinero a la mujer del tren de la calle Broad que dijo que estaba dejando una drogadicción con heroína y necesitaba algo de comer.

Debemos ayudar a aquellos que encontramos, dice Dorothy Day, no por deber cristiano, o porque nos recuerdan a Cristo o en caso de que sean Cristo disfrazado. Debemos hacerlo con alegría y facilidad porque, tal vez para nuestra sorpresa, *todos* ellos son Cristo. ¡Hagan espacio!

Meditación: ¿Cómo recibes a lo inesperado? ¿Corres hacia ello con alegría o te agachas rápidamente a la vuelta de la esquina? ¿Dónde busca Dios sorprenderte hoy?

Oración: Llénanos de la gracia, Señor. Danos los ojos para verte encarnado en todos los que nos encontremos, para que podamos saludarte con placer y alegría.

Ríndete a la Inmensidad

Lecturas: Is 40, 25-31; Mt 11, 28-30

Escritura:
Su fuerza es tan grande y su poder tan inmenso, que ninguna se hace la desentendida. (Is 40, 26b; *Biblia Latinoamérica*)

Reflexión: En una carpeta de papel manila en el estante de mi oficina hay una carta para mis dos hijos y mi esposo para ser abierta después de que yo muera. Contiene sugerencias para mi misa de funeral. La primera lectura de Isaías de hoy es una de las lecturas que he pedido. Me encanta la instrucción que Dios nos da de mirar a los cielos para que podamos captar el poder que él tiene, tan grande que ni siquiera las estrellas pueden hacerse las desatendidas y marchan en el cielo a su palabra. He pasado mi vida mirando lo que Dios ha hecho en el universo creado, mirando las estrellas y sumergiéndome profundamente en los misterios del átomo. Veo un universo dibujado desde un solo punto, las energías que Dios ordenó en su creación son tan inimaginablemente vastas que casi catorce mil millones de años más tarde galaxias enteras todavía se alejan de nosotros a velocidades más rápidas que la luz. Estoy asombrada.

Los *Ejercicios Espirituales* de San Ignacio de Loyola terminan con su "Contemplación para alcanzar amor". En ella,

Ignacio pide a la persona que hace los *Ejercicios* que se imagine de pie ante Dios y todos los santos. Enumera las formas en que Dios ha mostrado cuán amado eres. Considera toda la creación, la redención de la humanidad y los dones únicos que Dios te ha conferido. Luego, Ignacio sugiere, piensa en lo que podrías ofrecer a cambio al Dios del que estás tan apasionadamente enamorado y que te ama tan intensamente. Él sospecha que, como las estrellas de Isaías, ante un amor tan poderoso, uno no podía hacerse el desatendido y dejar de responder. Decir: "Sí, me entrego por completo a tu voluntad, oh, Dios".

Meditación: Pídele a Dios la gracia de revelarte las formas en que ha estado obrando en el mundo y en tu vida, y el coraje y la fuerza para responder en el amor a estos dones. ¿Qué le ofrecerías a Dios? ¿Qué te hace preocuparte que no puedas responder a la llamada de Dios?

Oración: "Tomad, Señor, y recibid toda mi libertad, mi memoria, mi entendimiento, y toda mi voluntad, todo mi haber y mi poseer; Vos me disteis, a Vos, Señor, lo torno. Todo es vuestro, disponed todo a vuestra voluntad; dadme vuestro amor y gracia, que con ésta me basta" (*Suscipe*, de San Ignacio de Loyola).

10 de diciembre: Jueves de la segunda semana de Adviento

Ríos de Misericordia

Lecturas: Is 41, 13-20; Mt 11, 11-15

Escritura:
Haré que broten ríos en las cumbres áridas
y fuentes en medio de los valles . . . (Is 41, 18a)

Reflexión: He vivido en Pennsylvania —los verdes bosques de William Penn— durante casi cuarenta años. El agua es abundante aquí; Me preocupa más si mi sótano se inundará en la próxima tormenta que cuándo vendrá la próxima lluvia. Sin embargo, no puedo desacostumbrarme del polvo seco de mi juventud californiana, y sigo vertiendo los restos de mi vaso de agua sobre las plantas en el alféizar de la ventana en lugar de echarla en el sumidero. Cada vez que cruzo el río Schuylkill, que limita con Filadelfia por un lado, me sorprende la cantidad de agua que fluye debajo de mí, que cae implacable y abundantemente hacia el mar. Tanta agua que pasa cada hora lo suficiente para dar un vaso de agua a cada persona viviente en la tierra. No hay necesidad de acumularla por gota o incluso por galón. Y hay otro río más grande al otro lado del río.

Así que miro con sed al río y pienso en estos pasajes de Isaías, prometiendo desiertos que no sólo florecerán, sino que el agua correrá a través de ellos, derramándose sobre las orillas y brotando de los manantiales. Tanta agua que da vida y que te quitará el aliento. Cada viaje sobre el puente de concreto es sólo una muestra de lo que puedo esperar ver, de lo que se nos promete en los nuevos cielos y la nueva tierra. Pero tal abundancia es más que una esperanza de lo que está por venir; es un recordatorio de la abundante misericordia que se nos promete aquí y ahora. Una medida rebosante que fluye hacia el pasado, siempre presente para nosotros, siempre suficiente y más para cada persona, en cada hora de nuestras vidas.

Meditación: La primera lectura de Isaías recuerda imágenes de un desierto transformado en llanuras florecientes y humedales ricos en alimentos, bosques que se extienden donde antes era un desierto desolado. ¿Qué imágenes del mundo creado te hablan de la misericordia y del desmesurado cuidado de Dios por nosotros?

Oración: Guíanos a las fuentes de la misericordia que nos has abierto, oh, Dios. Sacia nuestra sed con estas aguas vivificantes, lávanos del pecado y el error con los torrentes de tu amor.

11 de diciembre:
Viernes de la segunda semana de Adviento

Preñados de Cristo

Lecturas: Is 48, 17-19; Mt 11, 16-19

Escritura:
Yo soy el Señor, tu Dios,
el que instruye en lo que es provechoso,
el que te guía por el camino que debes seguir. (Is 48, 17b)

Reflexión: Hoy estamos a mitad del Adviento, y como todo en mi vida durante este tiempo, todo va demasiado rápido. Anhelo llevar mi oración y mi té a un rincón iluminado por el sol y quedarme con Dios en el calor. Pero esta no es la vida que vivo. Mi oficina está llena de deberes a corregir, mi calendario está lleno de sesiones de revisión y reuniones. Los supermercados están repletas de gente, esquivando las presentaciones de suministros de repostería para las fiestas y los estantes de regalos de último minuto. El tráfico alrededor del centro comercial es indescriptible. Estos no son momentos en los que yo pensaría que alguien desearía merodear.

Pero el Adviento no es una temporada para merodear: nos atrae, nos impulsa hacia adelante. Nos llama a no sentarnos a ver pasar el mundo, sino a vivir como si estuviéramos dando a luz algo dentro del mundo y dentro de nosotros mismos. Y como en todos los nacimientos, estar listos sin saber exactamente cuándo empezarán los dolores de parto.

En una homilía para los estudiantes de Georgetown, el teólogo Walter Burghardt, SJ, les pidió a ellos —y a nosotros— ser personas de incesante esperanza, un pueblo que siempre vive en el mañana. En el Adviento se nos pide que no soportemos simplemente la espera, las frustraciones, las dificultades. En cambio, se nos pide que vivamos con y dentro de todas las posibilidades que las dificultades abren: "Este mismo momento, con toda su imperfección y frustración, *a causa de* su imperfección y frustración, está preñado de posibilidades, preñado del futuro, preñado de Cristo".

Mi cuerpo todavía recuerda el cansancio de mis huesos cuando estaba embarazada, el trabajo del parto que invade todo el cuerpo para traer a mis hijos al mundo, esas frustraciones y dificultades que nunca eclipsan las esperanzas que acuñé en mi corazón por ellos. Así que no debo esperar en el Adviento estar más que cansada y estirada hasta el límite, pues en este momento yo también estoy embarazada de Cristo.

Meditación: Admitiré libremente que me cuesta ver la posibilidad de lo divino en el tráfico de las fiestas, y mucho menos encontrar a Cristo naciendo en ellas. ¿Qué posibilidades ves en los desafíos de este momento?

Oración: Concédenos ojos para ver las posibilidades en este Adviento, oh, Dios, para que podamos ver lo que está naciendo en nosotros. Evita que nuestros pies se tambaleen y muéstranos el camino hacia ti.

¿No Estoy Aquí?

Lecturas: Zac 2, 14-17 o Ap 11, 19a. 12, 1-6a. 10ab; Lc 1, 26-38 o Lc 1, 39-47

Escritura:
Apareció entonces en el cielo una figura prodigiosa: una mujer envuelta por el sol, con la luna bajo sus pies y con una corona de doce estrellas en la cabeza. (Ap 12, 1)

Reflexión: Hoy es la fiesta de Nuestra Señora de Guadalupe. Tengo una pequeña reproducción de terracota de ella en mi escritorio, que me regaló una amiga; su rostro ha sido tocado tantas veces que ya no puedo distinguir los rasgos de la Virgen. No hay estrellas doradas sobre su túnica, los rayos que la rodean son del mismo rojo apagado del resto de la imagen. Sólo sé que ella está de pie sobre una media luna porque conozco la imagen original. Pero en cuanto la pongo en su sitio y vuelvo a mi trabajo, ocurre el milagro. La veo en el ojo de mi mente como la mujer vestida de sol en el Apocalipsis, coronada con las estrellas, con la luna como trono.

María trabajó para traer a Dios a este mundo, no vestida de oro ni de pie sobre una percha celestial, sino envuelta en la misma carne sencilla que todos nosotros llevamos puesta, recostado sobre paja. Mientras lucho en mis propias labores diarias, para hacer las camas, para corregir los trabajos de los estudiantes, escucho las palabras que Nuestra Señora le dijo a San Juan Diego Cuauhtlatoatzin cuando se le apareció en el Cerro Tepeyac: *"¿No estoy yo aquí que soy tu madre?"*.

Recuerdo haberme sentado en la mesa de la cocina haciendo mi tarea mientras mi propia madre trabajaba para alimentar a la familia, pelando papas y quebrando las puntas de las habichuelas. Sus oídos se abrían para escuchar cuando yo necesitaba un pequeño milagro para encontrar el error en mi álgebra. El milagro de Guadalupe me recuerda que María se esfuerza por traernos a Cristo incluso ahora, que sus oídos están siempre abiertos para escuchar lo que podemos necesitar, y sin embargo no puede encontrar las palabras para pedírselo a su hijo. Al igual que Juan Diego, puedo estar tan ocupada haciendo lo que se debe hacer que me olvido de buscar ayuda y consuelo en Dios. María, a través de esta visión en Guadalupe, me recuerda que hay que tender la mano. Y si no encuentro las palabras para hablar con Dios, ¿no está Nuestra Señora, nuestra madre, para ayudar?

Meditación: ¿Dónde estás luchando para encontrar a Dios en tus labores? ¿Qué ayuda podrías necesitar del hijo de María? Pídele ayuda para encontrar las palabras para pedirle ayuda a Dios, pídele que te muestre a Cristo naciendo en tu trabajo diario.

Oración: Nuestra Señora, estamos luchando con tantas dificultades en nuestras vidas, con nuestras enfermedades y nuestras ansiedades. Llévanos a tu hijo, para que nos consuele, vendando nuestras heridas y aliviando nuestros corazones. *¡Ayúdanos, Madre de Dios!*

TERCERA SEMANA DE ADVIENTO

Todavía No

Lecturas: Is 61, 1-2a. 10-11; 1 Tes 5, 16-24; Jn 1, 6-8. 19-28

Escritura:
Éste es el testimonio que dio Juan el Bautista, cuando los judíos enviaron desde Jerusalén a unos sacerdotes y levitas para preguntarle: "Quién eres tú?" . . . Él afirmó: "Yo no soy el Mesías". (Jn 1, 19. 20b)

Reflexión: No soy yo, dijo Juan. Todavía no, dijo él. Sigan buscando, porque Dios está en medio de ustedes en este mismo momento.

Todavía no, y sin embargo sí. El Adviento consiste en un "todavía no" y un "sin embargo". Todavía no es Navidad, un día que anhelo, cuando la luz fluye en las ventanas traseras, iluminando todo el espacio. Cuando la casa está en silencio y descanso con mis plegarias ahuecadas entre mis manos, subiendo como el incienso con el vapor de mi té. Y, sin embargo, ya ha sido Navidad, y Dios ha venido en carne y hueso. Él camina entre nosotros incluso ahora, si tuviera el valor de buscarlo.

El Maestro Eckhart, un predicador y místico dominico del siglo XIV, cuando se le preguntó por qué la gente puede ser reacia a buscar a Dios, respondió que cuando alguien está buscando algo, y no encuentra ni un rastro de ello, se desanima y sigue la caza con reticencia. Si encuentra un rastro de él, retomará la búsqueda con renovada energía. Para buscar gustosamente a Dios, uno debe primero probar la dulzura de lo Divino. Todavía no me encuentro cara a cara con Dios. Sin embargo, busco el rostro de Dios porque he tenido un vistazo. Todavía no. Y sin embargo sí.

Las voces en el desierto del mundo claman nuestra necesidad de Dios. El reino que anhelamos aún no ha llegado. Y sin embargo sí. Paso por delante de un hombre acurrucado en los escalones de una tienda de la ciudad. En la oscuridad, antes del amanecer, mantengo abierta la puerta del refugio para una madre que se esfuerza por llegar al trabajo. Observo a la mujer doblada en una larga fila esperando para abordar un tren jugando a cucú con un bebé, comprándole a un padre cansado unos minutos de paz. En cada momento, si me atrevo a mirar, vislumbro la presencia de Dios. Todavía no, dicen, y, sin embargo, aquí estoy, ¿me enderezarás el camino?

Meditación: La profecía de la estrella en el libro de los Números (Números 24, 17) comienza con la frase: "Lo veo; pero no por ahora, lo contemplo, pero no de cerca". ¿Dónde vislumbras a Dios, aquí y todavía no aquí? ¿Qué voces oyes que claman en el desierto, pidiéndote que enderezes el camino para Dios?

Oración: Oh Dios, somos el pueblo que anhela ver tu rostro. Concédenos el valor para buscarte entre nosotros ahora y la fuerza para enderezar tu camino.

Cosas Invisibles

Lecturas: Nm 24, 2-7. 15-17a; Mt 21, 23-27

Escritura:
Oráculo del que escucha la palabra de Dios . . .
y contempla en éxtasis, con los ojos abiertos,
la visión del todopoderoso. (Nm 24, 16b)

Reflexión: Hoy es la fiesta de San Juan de la Cruz. Un hombre que fue embelesado por el Todopoderoso, atraído hacia el que es la luz del mundo, empapado en los salmos que fueron la columna vertebral de su vida monástica. Pasó ocho meses encarcelado por su propia comunidad monástica, en un espacio tan oscuro que tenía que pararse en un banco para captar el único rayo de luz que le llegaba para poder ver su libro de oraciones. En lo profundo de esa oscuridad, compuso poemas empapados de luz y misterio y de Dios.

Tiendo a oponer la luz a la oscuridad, como si fuera algo que se puede remediar encendiendo luces literales o metafóricas. Pero Juan de la Cruz no veía las tinieblas únicamente como algo que debe ser vencido, sino más bien como un lugar de encuentro con Dios. La oscuridad lo atrajo a las inagotables profundidades, un recordatorio de que Dios era finalmente inaccesible. Uno de los "Dichos de luz y amor" de Juan aconsejaba no dejarse atrapar demasiado por lo que podemos experimentar con nuestros sentidos, por lo que podemos ver, oír y tocar. Podemos agobiarnos con lo sensible, advertía Juan, y perder la ligereza de alma que facilita nuestro camino hacia lo inefable. Hacia lo que está oculto a la vista e inalcanzable en las misteriosas profundidades.

En esta época del año, cuando todo, desde la taza de los lápices en la oficina hasta las lámparas de la calle en la avenida Lancaster se enredan con luces de todos los colores que parpadean y bailan, mientras que en todas las tiendas suena implacablemente música navideña, a veces pienso en el consejo de Juan de la Cruz. ¿Todo esto mantiene mi alma anclada en el aquí y ahora? ¿Todas estas luces me están distrayendo de la única Luz que es, que fue y que vendrá? Y salgo a la oscuridad.

Meditación: Sal afuera al atardecer y mira al cielo, luego date la vuelta y mira al otro lado del cielo, donde la oscuridad se está deslizando. Mira en las profundidades y deja que el peso del mundo se vaya.

Oración: Dios de luz y de tinieblas, vuelve nuestros rostros hacia las profundidades. Ayúdanos a dejar a un lado nuestras preocupaciones y distracciones y llévanos cada vez más profundamente al misterio de nuestra redención.

Mensajeros Silenciosos

Lecturas: Sof 3, 1-2. 9-13; Mt 21, 28-32

Escritura:
Confía en el Señor y saltarás de gusto,
jamás te sentirás decepcionado. (Sal 33, 6)

Reflexión: Como la ciudad en la profecía de Sofonías, los tiempos en que vivía Alfred Delp, S.J., eran desoladores y crueles. A pesar de esto, a pesar de sus manos atadas ante él día y noche en una prisión nazi, Delp escribió en sus reflexiones de Adviento sobre los ángeles mensajeros. No los ángeles triunfantes que proclamaban "*Gloria in excelsis deo*" en una noche de Navidad, sino los silenciosos y discretos mensajeros de Dios que aún ahora caminan por la tierra. Los que están ofreciendo una luz en las tinieblas para los que han perdido su camino, los que dicen una palabra de aliento a las personas cuyos espíritus están desfalleciendo, y los que proclaman que no hay nada, por muy inquietante que sea, que no pueda ser asumido y renacido en Dios.

En la primera de las cuatro reflexiones que escribió para ese sombrío Adviento, Delp sugirió que nosotros también deberíamos estar atentos a estos ángeles que llevan mensajes de consuelo. Mantengan sus oídos atentos a sus suaves pasos, él animaba. Mantengan sus corazones abiertos a las semillas que desean sembrar en su corazón. Delp nos pidió que fuéramos más allá de la oración para darnos cuenta de la presencia de tales ángeles entre nosotros. Nos invitó a que consideráramos la posibilidad de ser nosotros mismos tales mensajeros de la infinita gracia y misericordia de Dios, sosteniéndonos unos a otros cuando pudiéramos vacilar, recordándonos unos a otros que esperemos con alegre esperanza. En tiempos oscuros ser tales heraldos de la luz no es una tarea fácil.

Los ángeles que esperamos en Navidad están en realidad entre nosotros ahora, sus rostros radiantes de alegría. Esparcen semillas en el silencio que espera pacientemente el coro resonante del regreso de Cristo en la gloria. Que Dios nos conceda la gracia y la fuerza para hacer lo mismo.

Meditación: ¿Eres un heraldo de la gracia infinita de Dios? ¿Dónde puedes sembrar semillas de esperanza? ¿Dónde podrías susurrar una palabra de consuelo? ¿Dónde podrías ofrecer un brazo para sostener a alguien cuya fuerza está decayendo?

Oración: Concédenos el valor, oh, Señor, de acercarnos a ti, para que podamos ser radiantes de alegría, mensajeros brillantes de tu misericordia en la oscuridad del mundo actual.

16 de diciembre:
Miércoles de la tercera semana de Adviento

En lo Profundo de la Oscuridad

Lecturas: Is 45, 6c-8. 18. 21c-25; Lc 7, 18b-23

Escritura:
Yo soy el Señor y no hay otro,
Yo soy el artífice de la luz
y el creador de las tinieblas. (Is 45, 6c-7a)

Reflexión: El universo comenzó con una explosión, según nos dicen los astrofísicos. Es difícil comprender la inmensidad de ese acontecimiento, y tiendo a imaginarlo como un fuerte trueno y un estallido de luz brillante, impulsado tanto por la apertura del Génesis con su poderoso viento que barre el abismo y Dios declarando "haya luz", como por la teoría del big bang del P. George LeMaitre.

Pero lo que sea que haya sucedido en ese primer momento, fue silencioso: no había nada todavía en el cual propagar el sonido, cualquier palabra pronunciada quedaría congelada e inmóvil. Incluso una vez que hubo una masa en la que una palabra podía moverse, era oscura. La luz no podía escapar de esa densa bola de materia rugiente. Toda la masa del universo contenida en un espacio tan pequeño que podría tenerla en mis manos. Leemos las huellas de esos primeros momentos en los cielos sobre nosotros, miramos a los cielos en busca de signos.

Juan el Bautista envió a sus discípulos a Jesús para preguntarle si él era el prometido, el Mesías. Jesús los envió de vuelta, no con un sí o un no para su primo, sino con instrucciones de leer los signos, de mirar a su alrededor y ver lo que se había hecho. ¿Nos atrevemos a hacernos estas preguntas ahora, preguntándonos mutuamente dónde debemos buscar a Emmanuel, Dios-con-nosotros? ¿A quién enviaríamos? Los signos no han cambiado, nos dice Jesús. Miren dónde se atiende a los enfermos, dónde se ayuda a caminar seguros a aquellos cuyos pasos vacilan y dónde se proclama la Buena Nueva a los pobres. No mires al cielo, sino a los márgenes.

Meditación: ¿A quién en tu vida le pedirías que te indicara el camino hacia Dios? ¿Qué signos ves de que Dios está aquí con nosotros ahora?

Oración: ¡Miren! El Señor, que ha creado el universo en la oscuridad, que ha soltado la luz con una palabra, camina entre nosotros. En él estará nuestra salvación y nuestra esperanza de gloria, no hay otro.

Se Fue antes que Nosotros

Lecturas: Gen 49, 2. 8-10; Mt 1, 1-17

Escritura:
De la cual nació Jesús, llamado Cristo. (Mt 1, 16b)

Reflexión: ¿Dónde encajo yo en mi familia? ¿Quién vino antes que yo? Limpiando la casa de mis padres la primavera pasada encontré fragmentos de mi historia. El libro de bebé que mi abuela había guardado de los primeros años de mi madre, con un rizo rubio brillante metido dentro. Fotos de gente que reconocí y gente que nadie reconocía. Mis hermanos y yo recordamos las historias de estas personas que sólo conocíamos por fotografías, preguntándonos por el parecido que nunca habíamos apreciado antes que teníamos con nuestros tíos y tías abuelos, desconcertados por nombres no reconocidos garabateados en los márgenes de los álbumes.

Escucho la larga genealogía de Jesús con el mismo sentido de asombro y perplejidad. Aquí están Isaac, Ruth y Manasés, cuyas historias conozco bien. Está Joram, un nombre que encontré por primera vez en una amada pieza de ficción. Y cada año me pregunto de nuevo quién podría haber sido Sadoc, prometo buscarlo, y luego, apurada por los exámenes finales, nunca lo hago. Pienso en el bisabuelo de Jesús, Matán. ¿Qué historias le contaron a Jesús sobre él? ¿Era carpintero? ¿Aún cuelgan algunas de sus herramientas en la pared del taller de José? Jesús no vino como un rayo de un cielo claro, pero en su humanidad, encaja en una familia que conocemos.

En la Plegaria Eucarística I, oramos para recordar a todos aquellos que nos han precedido en la fe. Al igual que la genealogía de Mateo, esa frase en la oración me trae a la mente a aquellos que se han ido antes que yo, marcados con el mismo signo de fe que se trazó en mi cabeza en el bautismo. Mi amiga Maryellen y mi padre, ambos se fueron con Dios el año pasado; mi madre; mi primer marido; mi bisabuela que huyó de la hambruna para venir sola a un nuevo país y cuyo anillo de bodas llevo. Veo fugazmente sus rostros y hago una oración por ellos, para que estén con los santos a los que invocamos mientras estamos ante Dios en el altar. Al recordar a aquellos con los que estuve tan cerca, me siento atraída por esta comunión de los santos, atraída por una antigua familia de fe.

Meditación: Busca uno de los nombres de la genealogía de Mateo que no reconozcas. ¿Por qué imaginas que Mateo incluyó ese nombre en particular? Tómate un momento hoy para orar por aquellos en tu familia cuyos nombres se han desvanecido en el pasado.

Oración: Hijo de David, nacido del Padre antes de todos los siglos, acuérdate de nosotros y de todos los que nos han precedido y que nos han mostrado el camino de la fe. Que nos encontremos en los altares de las alturas, alabándote junto con la comunión de los santos.

Oh Señor

Lecturas: Jer 23, 5-8; Mt 1, 18-25

Escritura:
A quien pondrán el nombre de Emmanuel, que quiere decir Dios-con-nosotros. (Mt 1, 23b)

Reflexión: Las antífonas "O", tan familiares por su escenario musical, "O Ven, O Ven Emmanuel", se dicen en las Vísperas durante estos últimos siete días del Adviento. Cada día tiene su antífona propia, comenzando con un título bíblico para Jesús. La de hoy comienza con "Oh Adonai" —Oh Señor— y termina con una súplica para que él venga a salvarnos.

Adviento o no, esa frase o una parecida está en mis labios varias veces al día. Hace un momento, el gato apareció en la ventana de mi estudio, exigiendo ser rescatado del techo, y suspiré: "Oh, Señor". Doy vuelta en la calle principal y encuentro que la calle está bloqueada, y suspiro: "Dios querido". Un exasperado y exasperante estudiante golpea mi puerta y me ahogo con un "Oh Dios". "Señor", gimoteo, cuando el teléfono suena en el instante en que levanto mi bolígrafo para corregir la pila de tareas de mi escritorio, de la que he estado tratando de encargarme desde las nueve de la mañana. Salgo para ir a casa, miro al cielo furioso y jadeo: "Dios mío".

Sueno desconsiderada, lo sé. Y francamente me pregunto si esto es sólo un hábito, mi invocación simplista del Señor del universo cada vez que me asusto o algo no sale como deseo. Pero sólo tal vez, sólo a veces, es el tipo de oración que viene desde lo profundo de mi alma, que reconoce mi dependencia del Señor por el mismo aliento que uso para invocar su nombre. ¿Tal vez mi Redentor me golpee y me quede muda, de tal manera que no pueda decir más que *Oh Dios*, esperando que Dios sepa si estoy asombrada o si necesito ser rescatada? Oh, Dios, eso espero.

Meditación: Muchas de nuestras oraciones comienzan con un "¡Señor!", pero ¿a quién imaginamos cuando usamos ese título? ¿Qué esperamos que Dios haga por nosotros cuando lo llamamos?

Oración: Señor, Dios de justicia, Dios todopoderoso y siempre vivo, Emmanuel, Dios con nosotros, escúchanos cuando invocamos tu nombre. Ven y sálvanos.

Asombrados

Lecturas: Jue 13, 2-7. 24-25a; Lc 1, 5-25

Escritura:
Pero Zacarías replicó: "¿Cómo podré estar seguro de esto?".
(Lc 1, 18a)

Reflexión: Zacarías —enfrentado durante un momento de oración por nada menos que el ángel Gabriel— se quedó dudoso del poder de Dios para cambiar su vida. Soy viejo, le dice a Gabriel, mi esposa es vieja, hemos aceptado las cosas cómo son. Pero el ángel no oirá nada de esto, y llevándose la voz de Zacarías con él, se va para hacer su obra.

A menudo en estas historias de visitas angélicas escuchamos la pregunta, "¿Cómo sucederá esto?". Me pregunto si cuando rezo soy como Zacarías, tan ocupada diciéndole a Dios cómo creo que esto debería funcionar (o no puede funcionar), que me pierdo la solución que Dios me está presentando.

Es bueno recordar que, puesto que la oración es un diálogo con Dios, tal conversación implica tanto escuchar como hablar. Me pregunto si es por eso que Gabriel silenció a Zacarías durante todos esos meses antes del nacimiento de Juan el Bautista. No como castigo por su falta de fe o como una señal del asombroso poder de Dios, sino como una herramienta para ayudarle a detenerse a escuchar y a deleitarse con lo que

Dios estaba haciendo. Después de todo, a Zacarías se le prometió alegría y regocijo.

En una Audiencia General, el Papa Francisco preguntó una vez si estábamos dispuestos a asombrarnos de Dios cuando orábamos. Orar a Dios, nos recordó el Papa Francisco, es hacer más que repetir como un loro sin vida las palabras de una oración. La oración, ya sea con palabras familiares o simplemente con jadeos arrancados de nuestras profundidades, nos lleva al encuentro del Dios vivo. La oración es abandonar nuestros deseos de resultados particulares, y eso es precisamente lo que debe suceder si queremos ser sorprendidos.

Meditación: Encuentra un momento para dejar tu voz en silencio hoy, y simplemente escucha a Dios. ¿Qué te sorprende y te deleita de este encuentro?

Oración: Oh Dios, concédenos estar lo suficientemente quietos y silenciosos para escucharte en el silencio de nuestros corazones. Danos el coraje de abandonar nuestras expectativas para que podamos estar asombrados y encantados de todo lo que estás haciendo en el universo.

CUARTA SEMANA DE ADVIENTO

20 de diciembre: Cuarto domingo de Adviento

Una Partera para lo Santo

Lecturas: 2 Sam 7, 1-5. 8b-12. 14a. 16; Rom 16, 25-27; Lc 1, 26-38

Escritura:
El Espíritu Santo descenderá sobre ti y el poder del Altísimo
   te cubrirá con su sombra.
Por eso, el Santo, que va a nacer de ti, será llamado Hijo de
   Dios. (Lc 1, 35b)

Reflexión: La reescritura poética del corto poema navideño de San Juan de la Cruz, del poeta Daniel Ladinsky, siempre me evoca la imagen de María, que se balancea por el camino, embarazada de Jesús. "Del Verbo divino / la Virgen preñada", la describió Juan, "embarazada de lo sagrado", dice Ladinsky. Me pregunto qué tenía en mente, cuando se acercaba el momento del nacimiento prometido por Gabriel nueve meses antes. ¿Estaba preocupada por quién estaría presente con ella durante el parto, o incluso por dónde daría a luz? ¿Habría una partera capacitada a mano, o tendría que arreglárselas sola?

En cierto modo, todos estamos preñados de lo santo, llevando dentro de nosotros el Espíritu Santo, encargados por nuestro bautismo de hacer surgir a Dios en nuestro propio tiempo y lugar. Considera entonces que cada persona que viene por el camino hacia nosotros está igualmente cargada con Dios, con la palabra de Dios que está ansiosa de entrar en el mundo. ¿Podemos estar presentes en estos nacimientos que están ocurriendo a nuestro alrededor? ¿O podemos preocuparnos de que no estamos cualificados, de que no sabremos qué hacer? ¿Que estaríamos demasiado asombrados para alcanzar lo santo, luchando por nacer?

El valor para ver lo santo entre nosotros, para reconocerlo como santo, para tenderle la mano, y la fuerza para sostener a los que se esfuerzan por hacer nacer la Palabra sagrada aquí y ahora no depende de nuestros propios méritos. En cambio, podríamos tener valor para pedir al Espíritu Santo que venga sobre nosotros, para que el poder del Altísimo nos cubra con su sombra. Quizás, entonces, podríamos decir con confianza: He aquí que soy la sierva del Señor, una partera para lo santo.

Meditación: En sus *Ejercicios Espirituales*, San Ignacio de Loyola recomendaba orar con la imaginación, colocándose en las escenas del evangelio. Imagina que te encuentras con María en el camino a Belén, embarazada. ¿Qué le dirías?

Oración: Espíritu Santo, ven sobre nosotros y llénanos de todo lo que es santo. Danos el coraje y la fuerza para llevar la Palabra y para hacerla nacer en el mundo.

Una Alegría que Choca

Lecturas: Cant 2, 8-14 o Sof 3, 14-18a; Lc 1, 39-45

Escritura:
Apenas llegó tu saludo a mis oídos, el niño saltó de gozo en mi seno. (Lc 1, 44)

Reflexión: Hace veinticuatro años, estaba en la iglesia de mi parroquia ensayando la música para una próxima misa, embarazada de ocho meses de mi hijo menor. El director del coro fue a colocar el piano de cola en su sitio, y de repente su tapa se cayó con un choque discordante. Yo no salté, pero el bebé dentro de mi vientre sí, sus brazos y piernas se agitaron en ese clásico reflejo de sobresalto de los recién nacidos. Me hizo visceralmente consciente de que había alguien dentro de mí cuyos pensamientos no eran mis pensamientos.

Recuerdo vívidamente esa experiencia cada vez que escucho el relato evangélico de la visita de María a Isabel. Hace brotar más que los dulces recuerdos de mi hijo, cada vez que me recuerda que debo contemplar quién se está moviendo dentro de mí ahora, cuyos pensamientos no son mis pensamientos. ¿Cómo me doy cuenta y respondo a Dios que mora en mí?

El novelista católico francés del siglo XIX, León Bloy, escribió que la alegría era el signo más seguro de la presencia de Dios. Seguramente la experiencia de Isabel de su propio gozo y el del niño Juan el Bautista fue un signo seguro de que estaban en la presencia de Dios. En su encíclica sobre el amor, *Deus Caritas Est*, el Papa Benedicto XVI nos recordó que ser cristiano no es una elección puramente racional basada en algún ideal o sistema ético, sino un encuentro con un acontecimiento, con una persona; un encuentro con Dios que orienta decisivamente nuestra vida. Las vidas de Isabel y María fueron profundamente reorientadas por sus encuentros gozosos con Dios.

¿Cómo discernimos los movimientos de Dios dentro de nosotros? ¿Cómo podemos saber que hemos encontrado la Palabra entre nosotros? Podemos estar atentos a esos momentos de alegría desenfrenada que surgen en nuestros corazones. Porque la alegría es la señal más segura.

Meditación: La Antífona "O" para hoy, el día más corto del año, comienza con *O Oriens* —Oh, Amanecer. ¿Cómo se orienta tu vida a la luz del amanecer? Busca los momentos del día en los que la alegría estalla, en silencio, o en acordes que chocan.

Oración: O Estrella de la Mañana, mantennos atentos a la señal segura de tu amanecer en el mundo: la alegría. Aligera nuestros corazones agobiados y orienta nuestras vidas hacia la alegría del Evangelio.

Magnificación

Lecturas: 1 Sam 1, 24-28; Lc 1, 46-56

Escritura:
"Mi alma glorifica al Señor . . ." (Lc 1, 46b)

Reflexión: *"Magnificat anima mea Dominum . . ."*, comienza la traducción latina del cántico de María. *Mi alma canta la grandeza del Señor.* Cuando era niña, me desconcertaba esa palabra "magnificat" (nota del traductor: en inglés "magnify" quiere decir agrandar con una lupa, pero es también el verbo usado en la versión inglesa de la Biblia para decir "canta la grandeza"). ¿Era el alma de María una lupa espiritual? ¿Cómo puede uno hacer a Dios más grande? No fue hasta muchos años después que aprendí que magnificar en este sentido significaba "glorificar".

Puedo reírme de mi joven yo, pero ella no estaba completamente fuera de lugar. Un anónimo ermitaño del desierto —uno de esos hombres y mujeres que salieron al desierto en el siglo IV para estar a solas con Dios— dijo una vez que la oración es el espejo de un monje. La oración te muestra dónde estás ante Dios. Pero estas dos oraciones —el *Magnificat* y el canto de Ana (1 Sam 2, 1-10) en el que se basa— son también lupas, y agudizan mi conciencia de la pérdida, la privación y la desesperación. Cada vez que rezo estos cánticos, soy llevada a ver a aquellos que de repente se encuentran hambrientos o sin trabajo o expulsados de sus casas. Se me recuerda que debo orar no sólo por los hambrientos, sino con ellos, y por aquellos que hoy encontrarán una amarga pérdida.

Estos cánticos también me hacen vivir la alegría que, sin embargo, impregna este mundo roto. Hemos sido rescatados, y estamos llenos de cosas buenas. En la época en que era una viuda joven, enredada en el dolor, hambrienta de lo que había perdido, los cantos de estas mujeres me recordaron que la alegría era posible de nuevo, si tan sólo pudiera ver el mundo con los ojos de Dios.

Hablamos de equilibrio en nuestras vidas, aunque pocos de nosotros buscaríamos el equilibrio entre el don y la pérdida que Ana y María experimentaron, a quienes se concedieron hijos que ellas entregarían dolorosamente a Dios. Estos cantos de mujeres me recuerdan que vivimos haciendo equilibrio en un borde, que nuestras vidas pueden girar en cualquier momento, pero que a través de todo ello Dios es grande.

Meditación: Cada uno de nosotros somos afligidos y consolados en diferentes momentos y lugares de nuestras vidas. ¿Dónde ves la alegría que se niega a ser silenciada? ¿Dónde está la aflicción que te desespera?

Oración: Anhelamos alabarte, Señor, en compañía de los ángeles y los santos. En tiempos de prueba y de gozo, que podamos recordar que tú, también, conociste la pena y la alegría.

Misterio

Lecturas: Mal 3, 1-4. 23-24; Lc 1, 57-66

Escritura:
Un sentimiento de temor se apoderó de los vecinos, y en toda la región montañosa de Judea se comentaba este suceso. (Lc 1, 65)

Reflexión: Cuando estaba en la escuela secundaria, mi familia viajó a visitar a mi abuelo en México para la Navidad. Todavía no puedo creer que mis padres emprendieran este viaje, empacando a seis niños en un autobús Volkswagen que seguramente tenía menos potencia que el burro de María y José y conduciendo por las montañas desde la Ciudad de México hasta Oaxaca. Cansados de nuestro propio viaje, llegamos justo a tiempo para la celebración de Las Posadas, reimaginando la larga caminata de María y José y buscando un lugar donde quedarse.

Una multitud de niños se agolpaba tras los monaguillos y sus largos cirios, escoltando las estatuas de María y José, balanceándose sobre los hombros de sus portadores. Casa tras casa nos echaban, pero finalmente llegamos a la plaza donde las estatuas fueron colocadas junto al pesebre y se colgó una piñata para los niños. Cuando la pelota de papel maché se rompió, desparramando caramelos por todas partes, mis gafas se cayeron en el lío resultante.

Mi madre me encontró en el borde de la multitud, confundida en la oscuridad, insegura de dónde estaba mi familia. De repente, mi hermano Gene, de cinco años, llegó saltando y gritando: "¡Encontré el gran premio!". En sus manos estaban mis anteojos de marco metálico, cubiertos de huellas dactilares, un poco doblados, pero intactos. Fue un milagro.

Durante años, mi madre y yo recordábamos este pequeño milagro, el rescate de mis anteojos casi intactos de debajo de los pies de cien niños agitados. ¿Cómo sucedió esto? Seguimos hablándonos del misterio de lo sucedido entonces.

Al igual que los vecinos de Zacarías e Isabel, desequilibrados por acontecimientos fuera del curso de sus experiencias habituales, no podemos dejar de contar las misteriosas historias del Adviento, tratando de comprender lo que nos ha sucedido y por qué. El misterio interminable nos saca de lo cotidiano, atrayéndonos cada vez más profundamente a la oscuridad incomprensible y luminosa de Dios.

Meditación: ¿Qué pequeños milagros has notado a tu alrededor? ¿Cómo te acercan al abrazo de Dios?

Oración: Supera nuestras expectativas, oh Dios, y deja que los pequeños milagros que nos has ofrecido nos lleven más profundamente al misterio de tu ser, hasta el día en que podamos verte cara a cara.

Una Tierna Compasión

Lecturas: 2 Sam 7, 1-5. 8b-12. 14a. 16; Lc 1, 67-69

Escritura:
Por la entrañable misericordia de nuestro Dios,
nos visitará el sol que nace de lo alto,
para iluminar a los que viven en tinieblas y en sombras de muerte,
para guiar nuestros pasos por el camino de la paz. (Lc 1, 78-79)

Reflexión: Conozco estas palabras de memoria, las rezo cada mañana, uniéndome momentáneamente al interminable himno de alabanza de la iglesia, la Liturgia de las Horas. A veces las digo cuando estamos reunidos en la capilla de mi parroquia, a veces mientras estoy en una cocina poco iluminada esperando que el agua hierva para mi té. Pero no importa dónde, siempre me asombra un Dios todopoderoso tan cuidadoso de sus creaturas. Ternura. Compasión. Dios ha mostrado la fuerza de su brazo, sin duda, pero igualmente nos sostiene con manos suaves.

Muchos de nosotros estamos haciendo malabares con las demandas del trabajo y la casa y la familia y la iglesia hoy en día. Cuando no tengo tiempo, me siento tentado a jugar lo que mis alumnos llaman el "póker de mártires". Sí, tienes mucho que hacer, pero yo tengo aún más, ¡mira *mi* lista de cosas por hacer! A pesar de los villancicos, es demasiado pedir la paz celestial, y mucho menos el descanso. ¿Podemos ser tan tiernos y compasivos el uno con el otro como Dios es tierno y compasivo con nosotros, incluso en medio de nuestros frenéticos preparativos para la fiesta solemne de mañana?

Me imagino la compasión como una gota de agua que cae en un estanque, pequeñas olas que salen del centro. En cada acto de ternura, cada vez que mostramos compasión a los que nos rodean, la quietud y la gracia irradian hacia afuera. ¿En el estacionamiento de la tienda de comestibles? Deja que alguien más tome ese lugar. ¿Esperando salir del trabajo temprano? Asume una tarea para que un compañero de trabajo se pueda ir.

A medida que los últimos momentos del Adviento se van apagando con la luz, seamos la tierna compasión de Dios que brilla en cada uno de nosotros, irradiando, guiándonos juntos por el camino de la paz.

Meditación: Presta atención a la Virgen hoy, mira a todos aquellos que llevan a Dios dentro y piensa ofrecerles refugio y una tierna compasión.

Oración: En tu compasión, Dios misericordioso, guía nuestros pies en tu camino de paz. Ayúdanos a ser tiernos unos con otros, rápidos para compartir cargas y ser portadores de la gracia ante el caos.

TIEMPO DE NAVIDAD

Un Torrente de Luz

Lecturas:
VIGILIA: Is 62, 1-5; Hch 13, 16-17. 22-25; Mt 1, 1-25 o 1, 18-25
NOCHE: Is 9, 1-6; Tit 2, 11-14; Lc 2, 1-14
ALBA: Is 62, 11-12; Tit 3, 4-7; Lc 2, 15-20
DÍA: Is 52, 7-10; Heb 1, 1-6; Jn 1, 1-18 o 1, 1-5. 9-14

Escritura:
Un ángel del Señor se les apareció y la gloria de Dios los envolvió con su luz y se llenaron de temor. (Lc 2, 9a)

Reflexión: Cuando mi hijo mayor era muy pequeño, a veces me pedía que cantara "la canción de su nombre" antes de irse a dormir. Se refería a las Letanías de los Santos, donde sus nombres de bautismo —Miguel y José— son los primeros de la lista. Por mucho que se deleitara al encontrarse nombrado en el cántico, sospecho que encontró la cadencia de las letanías —como de latidos del corazón— relajante. Yo también encuentro consuelo en el ritmo de las letanías, de invocación y respuesta. *María, madre de Dios, ruega por nosotros. San José, ruega por nosotros. Ángeles de Dios, rueguen por nosotros* . . . Me imagino que me recuerda escuchar los latidos del corazón de mi madre cuando era recién nacida, sostenida cerca de su pecho, cálida y segura en medio de un mundo frío y confuso. Estoy aquí, decía, donde siempre he estado, desde aquellos primeros momentos en que tú naciste dentro de mi vientre.

Las letanías me permiten entrar en los torrentes, me permiten pararme en los interminables arroyos de la misericordia y unir mi voz con ese coro celestial que anunció el nacimiento del Salvador. Me recuerdan que Dios me tiene cerca, lo suficientemente cerca para escuchar los latidos del corazón de Dios, lo suficientemente cerca para que él escuche los míos.

El obispo del siglo IV y Padre de la Iglesia, San Metodio de Olimpo, reflexionando sobre el segundo capítulo del evangelio de Lucas del que leemos hoy, nos regaló una letanía de luz para este nacimiento. Salve Sion, resplandece Jerusalén, tu luz ha llegado, grita Metodio. La Luz Eterna, la Luz suprema, la Luz inmaterial, la Luz que ilumina las edades. Una cascada de imágenes, la gloria del Señor se derramó sobre nosotros, rodeándonos incluso ahora. Golpeando sobre que está escondido dentro, un misterio indecible. Luz de Luz. Cristo, Dios de Dios mismo.

Meditación: Comienza la lectura de Isaías prescrita para la Vigilia: "Por amor a Sion no me callaré". El silencio del Adviento ha sido roto por la Palabra, que ahora clama entre nosotros. Encuentra un momento fuera de la Misa de hoy para escuchar la Palabra: toma una de las lecturas, tal vez una que no hayas escuchado, y saborea la voz de Dios hablándonos de nuevo.

Oración: *O nata lux de lumine*, Oh Luz nacida de la Luz, has roto el silencio y nos has rescatado del pecado y del dolor. Luz duradera, Luz eterna, Luz que ilumina las edades, brilla sobre tu pueblo, ahora y siempre.

El Escándalo de la Natividad

Lecturas: Hch 6, 8-10. 7, 54-59; Mt 10, 17-22

Escritura:
"Estoy viendo los cielos abiertos y al Hijo del hombre de pie a la derecha de Dios". (Hch 7, 56b)

Reflexión: Las lecturas para el comienzo de la octava de Navidad nos llevan directamente del calor del establo a un martirio brutal en los primeros días de la iglesia. Los Hechos de los Apóstoles, de Lucas, nos muestran los cielos abriéndose ante los ojos de Esteban, no en coros angélicos, sino para revelar a Jesús, de pie a la derecha de Dios. Me siento un poco como aquellos que discutían con Esteban: no puedo enfrentar lo que ha sucedido. Pero debo hacerlo.

¿Qué ha cambiado como resultado de este nacimiento de Dios en el tiempo? Dios está con nosotros. Los cielos se han abierto. El Hijo del Hombre está a la derecha del Padre. El reino de Dios está presente, ahora y para siempre. ¿Qué debe cambiar en mí como resultado de esta venida del Señor?

Debo cambiar mi enfoque, alejándolo de las figuras congeladas en una escena de pesebre y acercándolo al Cristo vivo. En una homilía navideña, San Óscar Romero, entonces arzobispo de San Salvador, nos recordó que si queremos encontrar al niño Jesús ahora debemos buscarlo entre los niños hambrientos y sin hogar, los que no dormirán envueltos en pañales en pesebres, sino sobre periódicos a la puerta.

Debo reconsiderar mis opciones. La opción preferencial por los pobres, sugirió Romero, era más que una conciencia de la pobreza, observada desde afuera como un edificio en llamas, sino una disposición a correr hacia el fuego, una disposición a hacer cualquier cosa para rescatar a los de adentro, para rescatar a Cristo que está allí entre ellos.

Este es el escándalo de la Natividad, este es el escollo que afronto, que Dios me exige no sólo la adoración, sino el testimonio. No sólo conciencia, sino también acción. San Esteban fue llamado de su comunidad junto con otros seis para buscar y servir a los necesitados. Nosotros también estamos llamados a caminar desde el pesebre hacia el mundo, llevando con nosotros la Luz a las naciones y la disposición de quemarnos las manos cuidando de Cristo que habita en los más vulnerables entre nosotros.

Meditación: ¿Qué es lo que te molesta del mundo en este momento? ¿Dónde ves que el reino se está desatando? ¿Dónde ves a Cristo necesitado? ¿A qué te está llamando Dios a dar testimonio, de palabra y de obra?

Oración: Moléstanos, oh Señor. Agudiza nuestra conciencia de aquellos que tienen hambre y frío, de aquellos cuyas vidas están llenas de dolor y desesperación. Fortalece nuestras manos y corazones para que podamos caminar con valentía hacia el fuego del mundo para servir a los más pequeños de entre nosotros.

Una Ofrenda

Lecturas: Gen 15, 1-6. 21, 1-3; Heb 11, 8. 11-12. 17-19; Lc 2, 22-40 o 2, 22. 39-40

Escritura:
Llevaron al niño a Jerusalén para presentarlo al Señor . . . y también para ofrecer . . . *un par de tórtolas* . . . (Lc 2, 22b. 24a)

Reflexión: María y José llevaron a su hijo pequeño al templo y ofrecieron lo que un par de personas de escasos recursos podían hacer, no un cordero, sino un par de tórtolas. Pusieron al niño en las manos de Simeón, que había esperado toda una vida para ver la salvación que Dios prometió a Israel.

Hace un cuarto de siglo, mi esposo y yo envolvimos a nuestro hijo primogénito y lo llevamos a las puertas de nuestra iglesia parroquial. ¿Qué le piden a la Iglesia? El bautismo, dijimos. La asamblea cantó las letanías de los santos sobre él, el padre Adrián derramó agua sobre su cabeza y lo ungió con óleo. Lo trajimos de nuevo a casa, almorzamos y lo pusimos en los brazos de su abuela, cuya vista ya se había debilitado. Era todo luz, gloria y gracia.

Fue una ofrenda que hicimos ese día. Entregamos su vida, sumergiéndolo en las aguas del bautismo para que emerja como una nueva creación, renaciendo como un hijo de Dios, vestido en Cristo. Y atado al misterio que es la vida de Cristo: pasión, muerte y resurrección. Atado a la cruz en toda su angustia e igualmente su gloria.

Cada vez que paso por delante de la pila bautismal, pienso en el bautismo de Mike. Saboreo la misma copa que bebieron María y José y comprendo un poco más profundamente lo generoso que fue su asentimiento a sus visitantes angélicos. Ellos dijeron "sí" a Dios, comprometiendo sus propias vidas, pero al hacerlo dijeron sin reservas "sí" por su hijo. Diciendo "sí" a ofrecer la única cosa que cualquier padre o madre sabe que le importa más que su propia vida: la vida de su hijo. Uniéndonos todos en el misterio de la cruz y la resurrección. Esa ofrenda me deja sin aliento.

Meditación: Piensa en quién te ha llevado a la práctica de la fe, al bautismo, ya sea como niño o como adulto. ¿Qué ofrecieron para hacerlo? ¿Cómo han sido ejemplo para ti lo que significa estar vestido en Cristo, atado a su cruz, atrapado en la gloria en su resurrección?

Oración: Fuimos vestidos en Cristo en nuestro bautismo, oh, Señor. Concédenos la gracia de continuar entregando nuestras vidas y todo lo que apreciamos a tu voluntad. Permanece a nuestro lado mientras llevamos nuestras cruces y danos la bienvenida en la gloria de tu reino.

Tiempos Oscuros

Lecturas: 1 Jn 1, 5–2, 2; Mt 2, 13-18

Escritura:
Éste es el mensaje que hemos escuchado de labios de Jesucristo y que ahora les anunciamos: Dios es luz y en él no hay nada de oscuridad. (1 Jn 1, 5)

Reflexión: Leía esta mañana en el periódico acerca de bebés y niños pequeños emboscados en un camino polvoriento. Podría decirte cuál es el camino, pero la oscura verdad es que puedo decir esto cualquier día: hay niños que murieron porque eran una amenaza para el poder y lo leí en el periódico. La luz amenaza a las tinieblas, porque el mal y las tinieblas saben que no pueden ganar. He leído sobre ello, hoy, en las Escrituras.

Pero lo que Juan quiere decir en su carta es precisamente que esta batalla entre la luz y las tinieblas no es sólo para ser leída, sino que debe ser emprendida. Debemos caminar en la luz, debemos llevar la luz a estos rincones oscuros del mundo. Me engaño a mí misma cuando mantengo la oscuridad a distancia, afirmando que soy incapaz de evitar la tragedia y la ruina en lugares lejanos. Me engaño a mí misma si imagino que la forma en que vivo mi vida no contribuye de ninguna manera a arrasar la tierra y a disminuir la dignidad de quienes la habitan. Irónicamente, a pesar de mi deseo de decir que no soy cómplice del pecado, tampoco puedo llamarme santa, porque un santo tomaría una lámpara y se dirigiría directamente hacia el pozo de oscuridad más cercano.

Evelyn Underhill, una poetisa y novelista inglesa de principios del siglo XX, tenía un consejo contundente. Somos la luz del mundo, pero sólo porque hemos sido puestos encendidos en llamas por la Luz del mundo. Una vez encendidos, no debemos ser luces decorativas, o luces que merodean por los bordes, sino luces útiles. No debemos tener miedo de tomar nuestras lámparas y caminar por el mundo, encendidos con la gloria de Dios, en busca de los que anhelan la luz.

Meditación: Aunque la confesión se siente como una práctica cuaresmal, la práctica de un examen general de conciencia parece apta en el borde del nuevo año, cuando celebramos los comienzos, tanto seculares como litúrgicos. Encuentra un momento para sentarte con el mundo, y nota las formas particulares en que tu vida proyecta sombras sobre los demás. Escucha adónde eres llamado a llevar la luz a la oscuridad y a consolar a aquellos que están atrapados dentro de ella.

Oración: Con tu nacimiento sacaste al mundo de la oscuridad, oh, Señor. Una vez más exhalaste sobre el caos para que pudiéramos tener vida y tenerla en abundancia. Enciende nuestras lámparas, para que podamos llevarte a la oscuridad y disipar los males que allí habitan.

29 de diciembre:
Quinto día de la Octava de la Natividad del Señor

¿Cómo lo Conocemos?

Lecturas: 1 Jn 2, 3-11; Lc 2, 22-35

Escritura:
En esto tenemos una prueba de que conocemos a Dios, en que cumplimos sus mandamientos. (1 Jn 2, 3)

Reflexión: ¿Cómo supo Simeón que Jesús era el bebé que estaba esperando, el ungido del Señor? ¿Cómo estamos seguros de que somos capaces de reconocer a Jesús? Cada Navidad me pone cara a cara con la realidad de un Dios que se ha puesto en nuestras manos, un Dios revelado en lo sencillo y en lo cotidiano.

La Navidad me empuja a mirar fuera de mí misma, a mirar alrededor de los bordes. Dios no está seguro envuelto en un pesebre esperando que yo venga a adorarlo; Dios está acurrucado en la lluvia helada en la esquina de Lancaster y Morris, deseando zapatos secos. Dios está mirando un teléfono, tratando de encontrar el número del refugio local para que sus hijos no tengan que dormir en el coche otra vez esta noche. Dios es burlado por ser homosexual, por ser inmigrante, por ser anciano.

Jesús se entregó a los demás desde el principio, en los brazos de María y José, y en los brazos de Simeón. Como Simeón, hemos sido llamados a señalar a Dios aquí y ahora.

A decirnos unos a otros que aquí está Dios temblando en la lluvia, aquí está Dios hambriento, aquí está Dios despreciado. Estamos llamados a abrazar a Dios en nuestros brazos. A decir a los que están cansados de la lucha, entren y siéntense con nosotros.

¿Cómo podemos estar seguros de que hemos encontrado a Aquel que ha traído la salvación, la luz y la gloria a todos nosotros? Juan nos dice en su carta: observen los mandamientos de Dios. Caminen como Jesús caminó. Ámense los unos a los otros como hemos sido amados por Dios. Consideren las necesidades de cada uno como propias.

Dios se ha puesto en nuestras manos, una Luz para las naciones, una Luz para cada uno de nosotros. Señálalo. Abrázalo. Ama al Señor tu Dios, y a tu prójimo como a ti mismo.

Meditación: ¿De qué manera puedes darle a alguien el don de satisfacer su necesidad? Invita a un vecino solitario a dar un paseo. Lleva una cena a esa familia con niños pequeños. Deja unas monedas de más junto a las secadoras en la lavandería. Deja ese lugar de estacionamiento cerca de la puerta para alguien más necesitado.

Oración: Jesús, nos enseñaste que el amor es el mayor mandamiento. Revélate a nosotros en el pobre y en el extraño. Muéstranos cómo apreciar más a nuestro prójimo.

30 de diciembre:
Sexto día de la Octava de la Natividad del Señor

Que Relampaguee en la Comarca

Lecturas: 1 Jn 2, 12-17; Lc 2, 36-40

Escritura:
Tiemblen ante el Señor los atrevidos.
"Reina el Señor", digamos a los pueblos. (Ps 95, 9a-10b)

Reflexión: La antífona de entrada de hoy esta inspirada por el libro de la Sabiduría: "Cuando un sosegado silencio todo lo envolvía y la noche se encontraba en la mitad de su carrera, tu Palabra omnipotente, . . . saltó del cielo . . . en medio de la tierra" (18, 14-15).

¿Qué cosa ha saltado hacia nosotros, desde la quietud y el silencio? La profetisa Ana estaba dispuesta a contar a todos los que quisieran escuchar acerca de este niño que había venido a redimirlos. Me pregunté qué palabras usó para describir al niño Jesús, y qué sabía de su destino. Lucas sólo dice que ella dio gracias a Dios. La cita de la Sabiduría nos recuerda el poema épico de Gerard Manley Hopkins "El naufragio del Deutschland", con su descripción de Cristo venido a la tierra. Hopkins llama a este niño pequeño, que vuela desde el cielo y tiene un corazón de carne, "Dios que sale del trono del trueno", un amanecer en nuestra oscuridad, una Luz besada por el carmesí y que se eleva en el oriente.

Me pregunto si Anna habría usado imágenes similares a las de Hopkins, sacadas de los salmos o del libro de la Sabiduría, para ayudar a sus oyentes a ver más allá del niño en los brazos —arrugado, diminuto, impotente— al Dios todopoderoso ahora manifestado. ¿Podemos ver tanto al bebé encantador como al Dios estruendoso ante el cual temblamos? ¿Podemos ver que nuestro Dios viene con fuerza, no para deslumbrarnos, no en busca de alabanza, sino deseando derribarnos con alegría? Dios no lanza rayos en nuestro camino, sino que ofrece su brazo fuerte para apoyarse, una lluvia de luz para amanecer sobre nosotros. Hace que el mundo sea firme, nos gobierna con equidad. Él arde tan brillantemente que no podemos confundirlo con otra cosa que no sea Luz de Luz, Dios de Dios. Él arde tan brillantemente que no podemos perder nuestro camino.

Meditación: Tómate unos momentos para orar con estas imágenes de una tierra que resuena a Dios que viene desde su trono. Lee el Salmo 97, donde los rayos de Dios iluminan el mundo, o el Salmo 96 donde la tierra tiembla, o encuentra un ejemplar de "El naufragio del Deutschland" de Hopkins.

Oración: Tú eres una luz para las naciones, oh, Señor, y de tu plenitud hemos recibido gracia sobre gracia. Mantén nuestros ojos en tu Luz del amanecer para que nunca nos perdamos.

31 de diciembre:
Séptimo día de la Octava de la Natividad del Señor

Escrito con la Luz

Lecturas: 1 Jn 2, 18-21; Jn 1, 1-18

Escritura:
En el principio ya existía aquel que es la Palabra,
y aquel que es la Palabra estaba con Dios y era Dios.
(John 1, 1)

Reflexión: En su *Ciudad de Dios*, San Agustín cuenta una historia que escuchó de San Simpliciano, obispo de Milán de finales del siglo IV. Simpliciano recordó a un erudito pagano diciéndole que las primeras líneas del evangelio de Juan "deberían ser escritas en letras de oro y colgadas en todas las iglesias en el lugar más visible". Aquí es donde comienza nuestra fe. En la oscuridad, anhelando que la luz, la vida, y Dios vengan entre nosotros. Buscamos una palabra, buscamos la Palabra.

Como química, la luz es parte de mi juego de herramientas. Los químicos vemos la luz como algo activo. No sólo ilumina lo que está ahí, alejando temporalmente la oscuridad, sino que puede cambiar fundamentalmente lo que toca. Una molécula se convierte en otra, la materia se transforma. Aún más maravilloso, una vez que la luz se ha empapado en una molécula, la luz puede brillar de nuevo, en nuevas formas y nuevas direcciones.

La Luz ha brillado sobre nosotros en la oscuridad, y hemos sido fundamentalmente cambiados. Nos hemos convertido en hijos de Dios. Es más, estamos llamados no sólo a reflejar esta Luz divina, sino a arder con ella nosotros mismos. Somos la luz del mundo. Hemos sido encendidos, escuchamos en el evangelio de San Mateo, no para ser escondidos bajo un tazón, o dentro de las paredes de nuestras iglesias parroquiales, sino para brillar, desterrando la oscuridad que nos rodea.

En estos profundos días de invierno, me imagino las palabras de Juan, escritas en letras de oro, brillando en las paredes de las iglesias de todo el mundo, captando la luz y reflejándola de nuevo hacia nosotros. Recordándonos que el Verbo se hizo carne e hizo su morada entre nosotros, y vimos su gloria, lo vimos lleno de gracia y verdad. Busco la Luz que habita entre nosotros, orando para que me cambie, para que yo también arda con la Palabra y sea llena de gracia.

Meditación: ¿Qué palabras de las Escrituras escribirías en oro y las colgarías en las paredes para que todos las vean? ¿Cómo te han transformado y cómo podrían transformarte fundamentalmente esas palabras?

Oración: Dios de Dios, Palabra-hecha-carne, todas las cosas comienzan en ti, todas las cosas terminan en ti. Que seamos transformados por la luz que amaneció en tu nacimiento. Que seamos encendidos con el Evangelio y llenos de gracia.

Bendición Eterna

Lecturas: Nm 6, 22-27; Gal 4, 4-7; Lc 2, 16-21

Escritura:
"Así invocarán mi nombre sobre los israelitas,
y yo los bendeciré". (Nm 6, 27)

Reflexión: Una hermana dominica me dijo una vez que enseñaba a sus jóvenes estudiantes que todos pueden bendecir. Pienso a menudo en sus consejos y dejo que me animen a bendecir a las personas, lugares y momentos que encuentro. Bendecimos a mis hijos cada noche antes de dormir, haciéndoles la señal de la cruz en la frente y las palabras: "Que Dios y todos sus ángeles velen por ti". Bendigo los exámenes de mis alumnos, para que estén libres de ansiedad y llenos de sabiduría. El poeta y sacerdote John O'Donohue escribió que bendecir es invocar, llamar. Las bendiciones son trampolines para que el Espíritu Santo se desplace a un momento particular, señaló.

Las bendiciones consisten en estar presente. Requieren que estemos presentes mutuamente entre nosotros y que estemos atentos a las circunstancias de la vida de cada uno. Bendecimos a los recién nacidos, a los recién casados, a los moribundos. Nos bendecimos en las comidas. Igualmente, las bendiciones nos recuerdan la presencia de Dios en nosotros, la atención de Dios en todos los momentos de nuestra vida, ordinaria y extraordinaria. Así es como bendecirás, le dijo Dios a Moisés. Con bondad y paz. Con la presencia: el rostro de Dios brillando sobre nosotros, Dios manteniéndonos cerca y seguros y enteros.

Bendecir es tener esperanza, tener fe, dar testimonio de alguien y de algo más allá de nosotros mismos. Las bendiciones invocan algo de lo divino tanto en la única bendición como en el que es bendecido. María es a la vez bendecida y bendiciente. Ella es bendecida, Dios está íntimamente presente en ella. Dios dentro de ella. Ella nos bendice, nos trae la presencia de Dios vestido de carne. A través de ella, Dios está con nosotros.

Meditación: Madeleine L'Engle escribió en sus memorias, *Una piedra por almohada*, que es saludable bendecir a aquellas personas que encontramos difíciles. Aconsejó bendecir sin expectativas, confiar en que Dios está presente y activo en la situación. Madeleine L'Engle sugirió bendecir a seis personas que no te gustan antes del desayuno cada mañana. Trata de bendecir en silencio a una persona o situación que te resulte molesta hoy.

Oración: Que el Señor te bendiga y te guarde. Que el rostro del Señor brille sobre ti. Que el Señor te traiga a ti y a todos los que amas una paz profunda y eterna.

¿Quién Eres?

Lecturas: 1 Jn 2, 22-28; Jn 1, 19-28

Escritura:
*"Yo soy la voz que grita en el desierto: Enderecen el camino del
Señor . . ."* (Jn 1, 23)

Reflexión: Este evangelio, con su grito de preparar el camino
para el Señor, siempre me parece que pertenece a los comienzos —el comienzo de la Cuaresma, el comienzo del Adviento,
el comienzo del ministerio público de Jesús. Pero aquí está,
en medio del tiempo de Navidad, después de que acabamos
de pasar semanas preparándonos para celebrar el misterio
de la encarnación. Es muy probable que estemos agotados
por toda la preparación de la música y las liturgias y las
comidas de las fiestas. Ciertamente no estoy lista para volver
a sumergirme en las realidades ordinarias de la vida, y pre-
fiero ignorar las voces que claman enérgicamente desde el
desierto de invierno, "¡firme!, hay cosas que hacer".

Es tan tentador sentarse un poco más con un niño Jesús,
dormido tranquilamente en un pesebre, pero a veces me
preocupa si lo que me atrae tanto de Jesús como bebé es que
él no puede hablar. ¿Podría imaginarme, en cambio, sentada
al otro lado de la mesa, frente a Jesús, como una persona
adulta? ¿Qué me pediría? ¿Cómo le respondería? ¿Tendría

el valor de escuchar, en lugar de hablar? ¿Oír tanto las dificultades como el consuelo?

En los *Ejercicios Espirituales*, San Ignacio de Loyola recomienda este tipo de conversaciones orantes con Dios. Habla con Jesús, insta Ignacio, como lo harías con un amigo. Siéntate libre de usar tu imaginación para preparar el marco para tu reunión. Sigue las indicaciones de los pintores del Renacimiento —o de David Wilkie que dibuja la incisiva tira *Café con Jesús*, donde los personajes se encuentran con Jesús vestido de traje y corbata a beber una bebida caliente en la cafetería local— y no te preocupes por corregir los detalles históricos. Lo que cuenta es crear un espacio para invitar a Jesús a tu vida tal como es, aquí y ahora.

Tal vez *sea* hora de sintonizar con Juan el Bautista. Es hora de dejar de imaginarme cayendo de rodillas en adoración silenciosa cuando los ángeles cantan y en su lugar tomar mi taza de té, sentarme tranquilamente y hablar con Jesús. De buscar el consejo de quien llamamos Consejero Maravilloso y Príncipe de la Paz. El Verbo hecho carne que habita entre nosotros.

Meditación: Dorothy Day a menudo llevaba su café afuera en la mañana para orar. Encuentra un momento tranquilo hoy para tomar una taza de café o té con Jesús y escucha lo que Él tiene en mente para ti.

Oración: Jesús —verdaderamente Dios y verdaderamente humano— ven a nosotros en los momentos ordinarios de nuestra vida. Danos la gracia de escuchar lo que tienes que decir, para que podamos hacer un camino recto y llano para ti en el mundo en que vivimos.

EPIFANÍA Y
BAUTISMO DEL SEÑOR

El Arte de Empacar sobre un Camello

Lecturas: Is 60, 1-6; Ef 3, 2-3a. 5-6; Mt 2, 1-12

Escritura:
Abriendo sus cofres, le ofrecieron regalos: oro, incienso y mirra. (Mt 2, 11b)

Reflexión: Mi imagen mental de estos sabios visitantes de Oriente siempre incluye sus camellos, aunque Mateo no menciona sus medios de transporte. Aun así, gracias a Isaías, las visiones de reyes sacando regalos precariamente empaquetados de los lomos de los camellos danzan en mi cabeza. Hace una década, en la fiesta de la Epifanía, comencé un retiro de treinta días en silencio. Decidir qué empacar para este mes lejos me llevó a contemplar lo que los magos empacaban —más allá del oro, el incienso y la mirra— cuando lo que llevaban podía ser una cuestión de vida o muerte. Donde puede que tengas que sentarte sobre lo que has empacado, sintiendo todos los bultos y los bordes extraños de tu equipaje. Y donde el equilibrio no era una metáfora, sino una dura realidad.

En su ópera *Amahl y los visitantes nocturnos*, Gian Carlo Menotti hace que el Rey Gaspar empaque una caja para cada imprevisto, lapislázuli contra la malaria y jaspe para encontrar agua. Al empacar para este tiempo lejos de casa, me sentí tentada por mi propia versión de la caja "por-si-acaso" de

Gaspar. ¿Debería meter unas cuantas bolsitas de té de manzanilla por si acaso quisiera beber una taza de algo relajante una tarde? ¿Aspirina por si acaso me duele la cabeza? Eran cosas pequeñas, no ocupaban mucho espacio.

Y luego empecé a preocuparme que, si me acomodaba tan bien sobre todos los bultos y los bordes de este retiro, no dejaba espacio para que Dios entrara. No quería estar tan preparada al punto que mi dependencia fundamental de Dios para cada una de mis respiraciones estuviera oscurecida por bolsas de té y aspirinas. Cosas tan pequeñas que de repente ocupaban demasiado espacio.

Pienso en esos camellos ahora cuando empaco mi bolso para el trabajo, tratando de encontrar un equilibrio entre el espacio para lo que necesito —mi almuerzo— y el espacio para Dios, a quien necesito tanto como mi almuerzo.

Meditación: San Gregorio Magno habló de los tres dones de los magos como símbolos de los dones que necesitamos para nuestro viaje de fe. El oro es la sabiduría; el incienso, la oración; y la mirra, la negación de sí. ¿Dónde estás metiendo la sabiduría, la oración y la negación de ti mismo en tu jornada?

Oración: Dios, concédenos la sabiduría para dejar espacio para que trabajes en nuestras vidas. Mantennos fieles en la oración y fortalécenos en nuestra negación de nosotros mismos.

El Reino es Real

Lecturas: 1 Jn 3, 22–4, 6; Mt 4, 12-17. 23-25

Escritura:
Desde entonces comenzó Jesús a predicar, diciendo:
"Conviértanse, porque ya está cerca el Reino de los cielos".
(Mt 4, 17)

Reflexión: Me enteré de la existencia de los monjes trapenses del monasterio de Nuestra Señora del Atlas en Tibhirine en un poema luminoso y ardiente sobre la vida contemplativa de Marilyn Nelson. El prior de la comunidad, Christian de Chergé, sabiendo que corría el riesgo de morir a manos de los insurgentes, pero sin querer atrincherar la comunidad monástica dentro de sus muros o huir, escribió una carta en la que perdonaba a su asesino. Escribió, también, de su propio remordimiento por las formas en que él, y todos nosotros, fuimos cómplices del mal que aún merodea por el mundo. Esperaba antes de su muerte un momento de lucidez que le permitiera perdonar y pedir perdón a sus semejantes y a Dios. Es un poderoso recordatorio de que el arrepentimiento es para todos nosotros, que todos estamos al borde del reino.

Jesús se enteró del arresto de Juan, y no se escondió, ni estableció una fortaleza, sino que entró en las sinagogas y mercados para predicar la Buena Nueva: el reino está aquí. Proclamar el Evangelio es arriesgarlo todo. Predicar la paz significa practicar la paz. Incluso frente a la violencia. Predicar el arrepentimiento quiere decir entender que todos nosotros somos todos pecadores, todos cómplices del dolor y la ruina de este mundo.

Dios está con nosotros. No como un niño en un pesebre. Ni escondido bajo el manto de su madre que huyó a Egipto, ni trabajando discretamente en Nazaret. Ahora las multitudes se reúnen, y él es conocido en todas partes. Hemos observado y esperado, nos hemos regocijado y lo hemos adorado. Ahora es real. Ahora es el momento de arriesgarlo todo. Porque Dios está con nosotros.

Meditación: Guy Consolmagno, S.J., director del Observatorio Vaticano, a menudo insta a los científicos a no esconder su fe cuando entran en sus laboratorios. ¿Cómo es tu fe explícita o implícitamente visible para aquellos con los que te encuentras hoy?

Oración: Tu reino está cerca, oh, Señor. Ayúdanos a proclamar con nuestras obras el Evangelio a todos los que nos encontremos, haznos faros de esperanza en un mundo todavía devastado por el pecado.

Suficiente

Lecturas: 1 Jn 4, 7-10; Mc 6, 34-44

Escritura:
Comieron todos hasta saciarse, y con las sobras de pan y de pescado que recogieron llenaron doce canastos. (Mc 6, 43)

Reflexión: "¿Tendremos suficiente?". Mis dos hijos y yo estábamos mirando las preparaciones para la cena apiladas en el carro del supermercado. La casa estaba llena, y cada hora que pasaba se llenaba más, mientras la gente se reunía para el funeral de mi padre. Mi padre vivía en las afueras de la ciudad; no podríamos volver atrás para comprar más pollo o tortillas. Tenía que ser suficiente.

Escucho en el evangelio las verdaderas preguntas de Jesús a los discípulos: ¿Puedes confiar en que tienes suficiente? Suficiente para hacer el trabajo que te he pedido, suficiente para alimentar a los que han venido a escuchar. ¿Puedes confiar en que yo trabajaré contigo, que no te dejaré con las manos vacías ante la profunda necesidad?

Para San Juan, no se trata tanto de que amamos, sino que hemos sido amados. Amados lo suficientemente como para borrar todos nuestros pecados. Amados lo suficiente para que nadie tenga que pasar hambre. Somos tan ricos en el amor que no necesitamos distribuirlo, o esconderlo, o acurrucarnos en un rincón con él, no sea que se acabe. Pero como los discípulos, a menudo me preocupa no tener suficiente para compartir. ¿Las latas de atún y los frascos de jalea que dejo en la caja de comida harán alguna diferencia? Por eso aprecio particularmente la oración del jesuita san Claudio de La Colombière al Sagrado Corazón, pidiendo a Dios que encienda la llama de amor que es Jesús dentro de su propio corazón, que lo encienda con un amor tan fuerte como el amor de Dios por él. Un amor tan fuerte que puedo confiar en que llega a todos los que me rodean que están necesitados.

¿Tendré suficiente? Siempre. Suficiente y aún más.

Meditación: ¿Qué pequeña cosa en tu vida podrías compartir, aunque pienses que no hará ninguna diferencia? Pídele a Dios que te muestre las formas en que tu don se derrama, lo suficiente y más para satisfacer una necesidad.

Oración: Abre mis ojos, Señor, para ver que tengo suficiente y más que suficiente. Abre mis manos, Señor, para que pueda dar generosamente lo que tengo y más. Abre mi corazón, Señor, para que tu luz estalle en llamas dentro de mí.

Todo estará Bien

Lecturas: 1 Jn 4, 11-18; Mc 6, 45-52

Escritura:
Pero él les habló enseguida y les dijo: "¡Ánimo! Soy yo; no teman". (Mc 6, 50b)

Reflexión: El dicho más famoso de la mística medieval Juliana de Norwich, a partir de sus visiones de Cristo, es tal vez "pero todo acabará bien, todo acabará bien, y sea lo que sea, acabará bien". Escuchó a Jesús consolándonos a todos, recordándonos que el pecado finalmente no prevalecerá. Todo estará bien, estoy segura, pero cuando mi vida se sacude, encuentro esta seguridad un poco trivial. Como si no debiera preocuparme, aunque las circunstancias sean preocupantes.

Pero todavía es a Juliana a quien busco en tiempos difíciles, pero no a este famoso pasaje de sus *Revelaciones del amor divino*. Encuentro mi consuelo en la visión de Juliana donde habla del evangelio de hoy, a los discípulos en una barca azotada por el viento lejos de la orilla: "Él no dijo: 'No serás tentada, no te cansarás de trabajar, no te sentirás incómoda'. Él dijo: 'No serás vencida'". Cuando mi vida se ve afectada por la tempestad, cuando estoy cansada e incómoda, estas son las palabras que me dan valor. "Por supuesto que estás preocupada", oigo decir a Dios. "La tormenta es terrible. Pero te prometo que no serás vencida".

Sospecho que los discípulos, que seguramente tenían entre ellos a pescadores que sabían pronosticar el tiempo, adivinaron que esta podría ser una travesía difícil cuando Jesús los envió. Sin embargo, después de un largo día, se pusieron en marcha obedientemente. A diferencia de los discípulos, a veces me niego a aceptar lo que Dios me pide. Mirando hacia adelante y dándome cuenta de que será un trabajo duro, a menudo me siento tentada a rendirme antes de haber empezado. Pero aquí también me animo con las palabras de Juliana y de los discípulos. Zarpa. Sí, los vientos pueden estar en mi contra, la barca puede parecer que está a punto de zozobrar, pero si mantengo una mirada atenta, veré a Jesús venir hacia mí sobre el agua. No puedo ser vencida.

Meditación: En este nuevo año, ¿qué te pide Dios que hagas que no quieres empezar? Ora pidiendo la gracia de la confianza, para que, como dijo Juliana, seamos fuertes tanto en la prosperidad como en la adversidad, en el gozo como en el dolor.

Oración: No prometiste que nuestras vidas no tendrían tormentas, Señor, pero sí prometiste que no seríamos vencidos. Concédenos el valor para mantener el rumbo cuando navegamos contra el viento.

Cumplida en nuestra Presencia

Lecturas: 1 Jn 4, 19–5, 4; Lc 4, 14-22a

Escritura:
El Espíritu del Señor está sobre mí, porque me ha ungido para llevar a los pobres la buena nueva. (Lc 4, 18a)

Reflexión: Hay una sección de una homilía de San Juan Crisóstomo sobre el Evangelio de Mateo que a menudo se resume como: "Si no puedes encontrar a Cristo en el mendigo a la puerta de la iglesia, no lo encontrarás en el cáliz". En ella, Juan, el arzobispo del siglo IV de lo que entonces era Constantinopla, suplica a sus oyentes que se ocupen primero de los necesitados —los hambrientos, los desamparados, los encarcelados— y sólo después se ocupen de los adornos de la iglesia, de proporcionar cálices y lámparas de oro colgadas de cadenas de plata.

El evangelio de Lucas hoy nos muestra a Jesús de pie en la sinagoga de Nazaret, proclamando que la buena nueva de Isaías se ha cumplido. Mi reacción a este evangelio es siempre de profundo alivio: el Señor ha venido a nosotros. Ahora los que estaban atados quedarán libres, los ciegos verán y los cojos serán sanados. Todo estará bien. Los oyentes en Nazaret se asombraron de sus palabras, y yo también.

Pero cuando me detengo a pensar en cómo Jesús pretende ver esta promesa cumplida, no sólo metafóricamente, que somos liberados de nuestra cautividad en el pecado, no sólo en lo que nos espera en el cielo o al final de los tiempos, sino literalmente, aquí y ahora, estoy sorprendida. Porque sospecho que somos tan buenas noticias como las que profetiza Isaías que es Jesús. Somos los que Jesús envía para liberar a los cautivos, para alimentar a los hambrientos y vestir a los desnudos, para asegurar que los que necesitan ser rescatados sean rescatados. En Jesús, no se me libera de estas responsabilidades; se me las confía.

Hoy somos los enviados a proclamar la libertad y a liberar a los oprimidos. ¿Asombramos a los que nos ven?

Meditación: ¿Qué buenas noticias traes del altar al mundo? ¿Quién será liberado y de qué cautiverio será liberado por el trabajo que tú haces?

Oración: Concede que nuestras vidas puedan asombrar, oh Señor. Haznos defensores acérrimos de la libertad que proclamaste en la sinagoga de Nazaret y trabaja incansablemente para llevar tu buena nueva a los pobres.

En una Palabra

Lecturas: 1 Jn 5, 5-13; Lc 5, 12-16

Escritura:
Si a la tierra envía su mensaje, su palabra corre rápidamente; esparce la nieve como lana y derrama la escarcha cual ceniza. (Sal 147, 15-16, *Biblia Latinoamérica*)

Reflexión: Temprano en una mañana de invierno, conduciendo a una conferencia, llegué a la cima de una colina. Debajo de mí se extendían kilómetros de pastos verdeamarillos, cubiertos de escarcha, la niebla giraba alrededor de los árboles que salpicaban el horizonte, como el aliento de Dios encendido en el sol naciente. Pensé en mis versos favoritos del Salmo 147: "¿A su frío quién puede resistir? / Envía su palabra y los derrite, / sopla su viento y corren las aguas" (versículos 17b-18). Cuando rezo este salmo, aun en medio de un día caluroso de verano, contemplo con frecuencia lo que está congelado en el mundo, en mi vida, en mi alma. Donde el aliento de Dios podría, con una palabra, desatascar la presa del hielo, dejando que las aguas fluyan y hagan su trabajo.

A veces contengo mi propia respiración, parada afuera en una noche fría y cristalina donde el viento está temblando en el roble. Mis oídos se agudizan, esperando oír a Dios moviéndose, luchando por oír al Espíritu Santo respirando en las aguas heladas del mundo. "Señor, si quieres", rezo en las palabras del leproso, "puedes hacerme nueva y redimirme con una palabra".

Dios desea que seamos revividos, restaurados y redimidos. Sólo tenemos que mirar al exterior y ver un paisaje helado, o mirar las estrellas que marchan a su orden para saber que él puede hacerlo con un simple soplo. Escucho las hojas que se mueven y escucho las palabras de Jesús al hombre con lepra: "Lo quiero". *Fiat*. Y así como así, somos hechos limpios por la Palabra.

Meditación: ¿Dónde está tu vida atascada, congelada en el barro de esta tierra? ¿Puedes preguntarle a Dios si está dispuesto a soplar sobre el hielo y derramarlo como cenizas?

Oración: Señor, si lo deseas, puedes sanarnos de todo lo que nos aqueja. Derrama tu gracia sobre nosotros, esparce la helada escarcha de nuestros corazones.

Ciudadanos de Dos Ciudades

Lecturas: 1 Jn 5, 14-21; Jn 3, 22-30

Escritura:
"Así también yo me lleno ahora de alegría. Es necesario que él crezca y que yo venga a menos". (Jn 3, 29b-30)

Reflexión: El Tiempo de Navidad termina mañana, y llega el Tiempo Ordinario —al menos donde yo vivo— en un día que probablemente será gris y frío y sin más luz que cuando amaneció el año nuevo. Quitaré los adornos navideños y los guardaré en cajas durante un año más.

El nuevo semestre comienza pronto y estoy sumergida de nuevo en mi rutina diaria. Enseñar y corregir. Cocinar la cena y lavar la ropa. Las liturgias también cambiarán. Pasaremos por alto las oraciones de apertura y los prefacios que hablan de profecías cumplidas y de nacimientos milagrosos, apuntando nuestras oraciones ahora al misterio pascual que orienta y da forma a nuestra vida cotidiana. Una vez más escucharé las palabras de mi prefacio favorito del Tiempo Ordinario en el que se nos recuerda que vivimos y nos movemos dentro de Dios, todo nuestro ser depende de Dios. La oración continúa para dirigir nuestra atención a nuestras experiencias diarias del cuidado de Dios por nosotros, aun sabiendo que Dios nos ha prometido una participación en la vida eterna.

Las palabras de este prefacio dejan claro que cuando llevo un cesto de ropa sucia a la lavandería de mi sótano, estoy viviendo y moviéndome dentro de Dios. Que estando de pie junto a la fotocopiadora mientras saco cien copias de mi programa de estudios, mi ser descansa dentro de Dios. Que mis días ordinarios son de hecho vividos de manera extraordinaria, dentro del cuidado de Dios, dentro del mismo ser de Dios. En *Gaudium et Spes*, el Vaticano II nos recordó que somos ciudadanos de dos ciudades. Vivimos en el mundo, pero sin embargo somos ciudadanos de la ciudad santa de Dios. Debemos esforzarnos por mantener un pie en ambas ciudades en todo momento. Estamos en un grave error, dijo el concilio, si pensamos que nuestra fe es algo aparte y separado de nuestra vida cotidiana, de la lavandería y los platos y el coche compartido para ir al trabajo. Por eso rezo para experimentar los efectos diarios del cuidado de Dios, para saber que cada movimiento que hago dentro de este mundo, se hace dentro de Dios.

Meditación: Siempre estoy tentada de bajar el volumen de mi oración en el despertar de una temporada tan intensa y entrar en un patrón de retención hasta la Cuaresma. ¿Qué podrías hacer para mantener vivas en estos días ordinarios las llamas que se encendieron en ti durante el Adviento y la Navidad?

Oración: Crece en nosotros, oh, Dios, mientras pasamos de este tiempo festivo de comienzos al tiempo ordinario de nuestras vidas. Mantén nuestros pies firmemente plantados en este mundo y en el mundo venidero.

Hostigados por el Espíritu

Lecturas: Is 55, 1-11; 1 Jn 5, 1-9; Mc 1, 7-11

Escritura:
No volverá a mí sin resultado,
sino que hará mi voluntad
y cumplirá su misión. (Is 55, 11)

Reflexión: Estaba caminando en una playa el verano pasado,
y me encontré con un cartel que decía: "Manténgase alejado
de la duna. Charranes anidando". Obedientemente me alejé
de la duna a una distancia que consideré sería suficientemente prudente. Un charrán que estaba anidando no estuvo
de acuerdo. Se lanzó sobre mí, volando tan cerca que pude
sentir el aire debajo de sus alas, y oírlas crujir cuando alzaba
de nuevo su vuelo. Me acosó implacablemente en la playa,
hasta que pude llegar a los acantilados.

Uno de los paneles del ábside de mi iglesia parroquial
muestra la escena descrita en el evangelio de hoy: Jesús está
de pie en el Jordán, con una paloma blanca revoloteando
justo debajo de una nube a través de la cual el Padre se asoma
benévolamente. Siempre he imaginado al Espíritu como una
paloma gentil, que envuelve al mundo bajo unas alas pro-
tectoras y nos conforta. Pero después de mi encuentro con
el charrán, me pregunto si no he entendido mal. Una madre
que protege a sus polluelos es feroz. Feroz con los que con-

sidera depredadores y feroz con sus polluelos cuando llega el momento de que abandonen el nido.

Escuchamos en Isaías la palabra de Dios, enviada. No volverá a Dios vacía, sino que hará lo que Dios le ha enviado a hacer. Igualmente, el Espíritu nos hostiga para asegurarse de que dejamos el nido, para ir más allá de la adoración del bebé en el pesebre. El Espíritu es implacable, asegurando que la Palabra se haga carne dentro de nosotros, logrando los fines que Dios quiere. Sin embargo, el Espíritu no es duro, pues en la misma frase que sigue a esta lectura Isaías clama: "Sí, ustedes partirán con alegría, y serán traídos con toda seguridad".

El primer domingo de Adviento suplicamos con las palabras del profeta Isaías que Dios rasgara los cielos y bajara. Que Dios pueda hacer obras increíbles, cosas que no nos atrevíamos a esperar. Dios, en efecto, ha abierto los cielos y ha realizado obras impresionantes. No estamos solos. Dios está con nosotros, Dios respira dentro de nosotros, Dios brilla dentro de nosotros, Dios nos envía. No podríamos atrevernos a esperar más.

Meditación: La Palabra ha sido pronunciada, ¿qué ha hecho nacer en ti? ¿Cómo harás la voluntad de Dios en los próximos días y semanas, en los momentos ordinarios de tu vida?

Oración: Que salgamos de este tiempo con alegría, oh, Señor. Que seamos guiados en la paz. Que oigamos las montañas y las colinas estallar en canto y que veamos los árboles temblar de alegría. Que sepamos que Dios está con nosotros, ahora y siempre. Amén.

Referencias

Introducción
Papa Francisco, Audiencia General (18 de diciembre de 2019),
http://www.vatican.va/content/francesco/es/audiences
/2019/documents/papa-francesco_20191218_udienza
-generale.html

29 de noviembre: Primer domingo de Adviento
Mary Frances Coady, *With Bound Hands: A Jesuit in Nazi Germany;
The Life and Selected Prison Letters of Alfred Delp [Con las manos
atadas: Un jesuita en la Alemania nazi; Vida y cartas de prisión
seleccionadas de Alfred Delp]* (Chicago: Jesuit Way, 2003), 130.
Alfred Delp, S.J. y Thomas Merton, *Alfred Delp, S.J.: Prison Writ-
ings [Alfred Delp, S.J.: Escritos desde la prisión]* (Maryknoll, NY:
Orbis Books, 2004), 15.

30 de noviembre: Fiesta de San Andrés
Papa Francisco, *Evangelii Gaudium* 120, http://www.vatican.va
/content/francesco/es/apost_exhortations/documents
/papa-francesco_esortazione-ap_20131124_evangelii
-gaudium.html.

1 de diciembre: Martes de la primera semana de Adviento
Bert Ghezzi, *Voices of the Saints: A Year of Readings [Voces de los
santos: Un año de lecturas]* (Nueva York: Doubleday, 2000),
356–57.
Traducido de John Cassian y Boniface Ramsey, OP, *John Cassian:
The Conferences [Juan Casianco: Las conferencias]* (Nueva York:
Paulist Press, 1997), 420.

2 de diciembre: Miércoles de la primera semana de Adviento
Versión inglesa de Maurice Simon, traducción de *Berakoth*,
    https://halakhah.com/berakoth/berakoth_34.html#PARTb.
Traducido de Michelle Francl, "A Brief History of Water" ["Una
    breve historia del agua"], *Nature Chemistry* 8 (Octubre de 2016):
    897–98.

3 de diciembre: Jueves de la primera semana de Adviento
John O'Donohue, *To Bless the Space Between Us: A Book of Blessings
    [Para bendecir el espacio entre nosotros: Un libro de bendiciones]*
    (Nueva York: Doubleday, 2008).

4 de diciembre: Viernes de la primera semana de Adviento
Jill Murphy, *Five Minutes' Peace [Cinco minutos de paz]* (Nueva
    York: Puffin Books, 1999).

5 de diciembre: Sábado de la primera semana de Adviento
Wendell Berry, "How to Be a Poet" ["Cómo ser un poeta"], en
    New Collected Poems [Nuevos poemas selectos], (Berkeley,
    CA: Counterpoint, 2012), 354.

6 de diciembre: Segundo domingo de Adviento
Papa Benedicto XVI, *Spe Salvi* 3, http://www.vatican.va/content
    /benedict-xvi/es/encyclicals/documents/hf_ben-xvi_enc
    _20071130_spe-salvi.html

7 de diciembre: Lunes de la segunda semana de Adviento
Micky O'Neill McGrath, OSFS, Good Saint *John XXIII* (Princeton,
    NJ: Clear Faith, 2014), 53.

8 de diciembre: Fiesta de la Inmaculada Concepción

Alice Walker, "Expect Nothing" ["No esperes nada"], en *Revolutionary Petunias [Petunias revolucionarias]* (San Diego: Harcourt, 1973), 30.

Dorothy Day, "Room for Christ" ["Lugar para Cristo"], *The Catholic Worker* (December 1945): 2.

9 de diciembre: Viernes de la segunda semana de Adviento

David L. Fleming, *Draw Me into Your Friendship: A Literal Translation and a Contemporary Reading of the Spiritual Exercises [Atráeme a tu amistad: Traducción literal y lectura contemporánea de los Ejercicios Espirituales]* (St. Louis, MO: Institute of Jesuit Sources, 1996), 175–81.

John A. Hardon, SJ, "The Divine Attributes Retreat" ["El retiro de los atributos divinos"], http://www.therealpresence.org/archives/God/God_041.htm.

11 de diciembre: Viernes de la segunda semana de Adviento

Walter Burghardt, SJ, *Sir, We Would Like to See Jesus: Homilies from a Hilltop [Señor, nos gustaría ver a Jesús: Homilías desde la cima]* (Nueva York: Paulist Press, 1982), 140.

13 de diciembre: Tercer domingo de Adviento

Maestro Eckart y David O'Neal, *Meister Eckhart, from Whom God Hid Nothing: Sermons, Writings, and Sayings [Maestro Eckart, a quien Dios nada escondió: Sermones, escritos y dichos]* (Boston: New Seeds, 2005), 4.

14 de diciembre: Lunes de la tercera semana de Adviento

San Juan de la Cruz, "Dichos de Luz y Amor", http://www.sanjuandelacruz.com/dichos-de-amor-y-de-luz/.

15 de diciembre: Martes de la tercera semana de Adviento
Alfred Delp, S.J., y Thomas Merton, *Alfred Delp, S.J.: Prison Writings [Alfred Delp, S.J.: Escritos desde la prisión]* (Maryknoll, NY: Orbis Books, 2004), 17–19.

19 de diciembre: Sábado de la tercera semana de Adviento
Papa Francisco, Audiencia general (15 de noviembre de 2017), http://www.vatican.va/content/francesco/es/audiences/2017/documents/papa-francesco_20171115_udienza-generale.html.

20 de diciembre: Cuarto domingo de Adviento
Daniel J. Ladinsky, "If You Want" ["Si quieres"] in *Love Poems from God: Twelve Sacred Voices from the East and West [Poemas de amor de Dios: Doce voces sagradas de Oriente y Occidente]* (Nueva York: Penguin Compass, 2002), 306–7.

21 de diciembre: Lunes de la cuarta semana de Adviento
Papa Benedicto XVI, *Deus Caritas Est* 3, http://www.vatican.va/content/benedict-xvi/es/encyclicals/documents/hf_ben-xvi_enc_20051225_deus-caritas-est.html.

25 de diciembre: La Natividad del Señor
Methodio, *Oration on Simeon and Anna [Oración sobre Simeón y Ana]*, traducción al inglés de la lengua original de William R. Clark, de *Ante-Nicene Fathers [Padres antenicemos]*, vol. 6, ed. Alexander Roberts, James Donaldson, y A. Cleveland Coxe (Buffalo, NY: Christian Literature Publishing, 1886), revisado and editado para New Advent por Kevin Knight, http://www.newadvent.org/fathers/0627.htm.

26 de diciembre: San Esteban, protomártir

Óscar Romero, *The Scandal of Redemption: When God Liberates the Poor, Saves Sinners, and Heals Nations* [*El escándalo de la Redención: Cuando Dios libera a los pobres, salva a los pecadores y sana a las naciones*], ed. Carolyn Kurtz (Walden, NY: Plough Publishing House, 2018), 27.

28 de diciembre: Los Santos Inocentes, mártires

Evelyn Underhill, *Light of Christ: Addresses given at the House of Retreat Pleshey, in May, 1932* [*La luz de Cristo: Discursos en la Casa de Retiro Pleshey, en mayo de 1932*] (Eugene, OR: Wipf and Stock, 2004), 41–42.

30 de diciembre: Sexto día de la Octava de la Natividad del Señor

Gerard Manley Hopkins, S.J., *Mortal Beauty, God's Grace: Major Poems and Spiritual Writings of Gerard Manley Hopkins* [*Belleza mortal, la gracia de Dios: poemas principales y escritos espirituales de Gerard Manley Hopkins*] (Nueva York: Vintage, 2003), 20.

Agustín de Hipona, *Ciudad de Dios* 10.29.

1 de enero: Solemnidad de Santa María, Madre de Dios

John O'Donohue, *To Bless the Space Between Us: A Book of Blessings* [*Para bendecir el espacio entre nosotros: Un libro de bendiciones*] (Nueva York: Doubleday, 2008).

Madeleine L'Engle, *A Stone for a Pillow* [*Una piedra por almohada*] (Wheaton, IL: H. Shaw, 1986), 121.

2 de enero: San Basilio y San Gregorio Nazianzeno

David J. Wilkie, *Coffee with Jesus* [*Café con Jesús*] (Downers Grove, IL: InterVarsity Press, 2013).

3 de enero: La Epifanía del Señor

Gian Carlo Menotti, *Amahl and the Night Visitors* [*Amahl y los visitantes nocturnos*] (Nueva York: G. Schirmer, 1951).

San Gregorio Magno, en *Matthew 1–13: Ancient Christian Commentary* [*Mateo 1–13: Antiguo comentario cristiano*], editado por Manlio Simonetti (Downers Grove, IL: InterVarsity Press Academic, 2001), 28.

4 de enero: Lunes después de la Epifanía

Marilyn Nelson, "The Contemplative Life" ["La vida contemplativa"], en *Faster Than Light: New and Selected Poems* [*Más rápido que la luz: Poemas nuevos y seleccionados*], 1996–2011 (Baton Rouge: Louisiana State University Press, 2012), 154.

John W. Kiser, *The Monks of Tibhirine: Faith, Love, and Terror in Algeria* [*Los monjes de Tibhirine: Fe, amor y terror en Argelia*] (Nueva York: St. Martin's Griffin, 2003), 244–46.

5 de enero: Martes después de la Epifanía

Claudio de la Colombière, SJ, en *Hearts on Fire: Praying with Jesuits* [*Corazones encendidos: Orando con los jesuitas*], editado por Michael Harter, SJ (Chicago: Loyola Press, 2005), 95.

6 de enero: Miércoles después de la Epifanía

Juliana de Norwich, *Revelaciones del amor divino*, capítulo 27, http://www.mscperu.org/espirit/santos_y_sabios/Juliana%20de%20Norwich/Libro%20de%20revelaciones.pdf.

7 de enero: Jueves después de la Epifanía

Juan Crisóstomo, *Homilía 50 sobre Mateo*, Clerus.org, http://www.clerus.org/bibliaclerusonline/pt/fn4.htm#bw.

9 de enero: *Sábado después de la Epifanía*

Concilio Vaticano II, Constitución Pastoral sobre la Iglesia en el Mundo Moderno (*Gaudium et Spes*) 43, http://www.vatican.va/archive/hist_councils/ii_vatican_council/documents/vat-ii_const_19651207_gaudium-et-spes_sp.html.